회사가 당신을
힘들게 할 때

## 회사가 당신을 힘들게 할 때

**초판 1쇄 발행일** 2024년 1월 31일

**지은이** 흙수베이더
**펴낸이** 박희연
**대표** 박창흠

**펴낸곳** 트로이목마
**출판신고** 2015년 6월 29일 제315 - 2015 - 000044호
**주소** 서울시 강서구 양천로 344, B동 449호(마곡동, 대방디엠시티 1차)
**전화번호** 070 - 8724 - 0701
**팩스번호** 02 - 6005 - 9488
**이메일** trojanhorsebook@gmail.com
**페이스북** https://www.facebook.com/trojanhorsebook
**네이버포스트** http://post.naver.com/spacy24
**인쇄 · 제작** ㈜미래상상
**디자인** 달 DAL

| 전쟁같은 직장생활 웃으면서 버텨보세 |

# 회사가 당신을
# 힘들게 할 때

흙수베이더 지음

## * 일러두기 *

1. 이 책에서 언급되거나 묘사된 인물, 지명, 단체, 이름 및 사건 등은 직·간접의 경험을 바탕으로 창작된 것이며, 만일 실제와 비슷한 경우가 있더라도 이는 우연에 의한 것임을 밝힙니다.

2. 필명인 '흙수베이더'는 '흙수저'와 '다스베이더'의 합성어입니다. 영화 '스타워즈'의 주인공 중 한 명인 다스베이더는, 어릴 적 노예였다가 제다이 기사가 되었고, 이후 기구한 인생사와 가족사, 타락과 회개를 경험하였습니다. 우주에서 검도를 제일 잘하는 존재이며, 흙수저인 작가가 동경하는 인물이어서 필명에 썼다는 점을 밝힙니다.

3. 시조의 형태를 유지하기 위해 한글 맞춤법과 띄어쓰기 규정을 따르지 않은 부분이 있음을 밝힙니다.

1. 이 책은 선배의 자기 자랑이나 후배에 대한 훈 계와 지적질이 아닙니다. 멍청하고 어리숙한 흙수저가 25년 동안 회사와 집에서 치이고 밟 히며 실수하고 실패한 경험의 솔직한 고백입니 다. 반면교사로 삼으시면 좋겠습니다.

2. 이 책은 당신께 삶의 가르침을 드릴 수 없습니 다. 책으로 다른 사람에게 삶의 가르침을 줄 수 있는 존재는 인류 역사상 다섯손가락 안에 꼽습니다. 무엇을 배우고 싶으시면 가까이 있 는 선 · 후배님이나 동료분에게 도움을 청하고 직접 배우시는 것이 좋습니다.

3. 이 책은 교훈이나 감동을 드리지 못합니다. 대신 당신이 속상하고 우울할 때 이 책을 보시면 잠시라도 웃으실 수 있습니다. 동료들에게 임상실험을 해 보았습니다. 효과가 있었습니다.

4. 시조를 한국어와 일본어로 같이 표기한 이유는 일본인 친구와 일본 고객을 웃게 만들기 위해서입니다. 일본인에게 임상실험을 해 보았습니다. 효과가 있었습니다.

2024년 1월

흙수베이더

# PART 2. 회사 밖에서 会社の外で

# PART 1

## 회사에서
会社で

# PART 1

# 회사에서
## 会社で

# 회사종이 땡땡땡

会社の鐘声がトントントン

회사종이 땡땡땡 어서어서 모여보세

팀장님이 우리를 목빠지게 기다리네

오늘도 회사가서 뼈빠지게 일해보세

会社の鐘声がトントントン早早集めよう

部長が俺らを首を長く待ってるぞ

今日も会社行って死ぬほど働こう

# 출근
出勤

사오분만 더잡시다 화장실은 회사가서
내앞으로 끼지마라 수틀리면 받아삔다
자켓벗어 접어들고 전화걸며 빨리온척


五分もっと寝ようトイレは会社で
俺前に追い抜な車を突き飛ばすぞ
上着抜き折って電話しながら着席

## 003
# 전철
電車

손잡이가 멀다해도 이젠아주 드러눕네
내의지와 상관없이 엉덩이가 밀착되네
문열리자 튕겨나와 자동으로 걸어가네


釣つり革は遠いけど寝込むのは止めろ
意思と関係なくお尻ぴたっとくっ付く
ドアが開けたら飛出され自動に歩ける

# 퇴근
退勤

임원이 나갔으니 팀장도 나가겠지
노트북을 끄려는데 전원이 안꺼지네
해저물때 팀장와서 갑자기 일시키네


役員出たからチーム長も出るだろう
パソコンを止めるに電源が切れない
急にチーム長が来て仕事を指示する

흙수베이더의 직썰 01
# 드라마에 나오는 회사는 없다

당신이 회사에서 일하게 되면 드라마나 영화에서 보던 회사와는 다를 것이다. 당신이 상상하던 회사의 이미지는 다음과 같았다.

회전문을 통과한다. 대리석으로 된 입구를 지나 엘리베이터를 타고 올라간다. 넓고 멋진 사무실에 예쁜 여직원들, 잘생긴 남직원들이 모여 있다. 하루하루 재미있고 흥미진진한 일을 신나게 한다.

퇴근 후에 우연히 회장님 따님(아드님)을 곤경에서 구해준다. 혹은 회장님 따님(아드님)이 몰던 차에 치어서 서로 눈이 맞아 연애를 하게 된다.

주말에는 상표가 눈에 띄는 멋진 옷을 입고 날렵한 스포츠카를 타고 비싼 장비가 필요한 레저를 즐긴다.

월요일에 출근해 보니 갑자기 회사에 큰 문제가 생겼다. '직장의 신'에 나오는 '미스 김(미스터 김)'이 갑자기 나타나서 당신에게 닥친 문제를 척척 해결해 준다.

이런 상황은 25년 동안 주위에서 단 한 번도 본 경우가 없었다. 비슷한 경우도 없었다. 당신이 회사에서 일을 할 때, 영화나 드라마에서 보던 상황은 생기지 않는다. 회사를 TV드라마로 배우지 마라. 로망은 버려라.

회사에서 일어나는 상황과 가장 비슷한 TV프로그램은 '동물의 왕국'이다. 각오를 단단히 하고 회사에 와라.

## 005

# 김상무
金常務

자기말만 잘들으라 충성심을 요구하네
술마시자 불렀을때 안나가면 바로아웃
나는절대 뒤끝없다 한번실수 평생기억


自分の事だけついて来い忠誠心を求める
飲み会に呼ばれて出なきゃそこでアウト
俺は絶対後腐れがない一回ミスでアウト

# 006

# 김부장
金部長

부하실적 가로채고 본인잘못 부하책임
성실한놈 괴롭히고 아첨꾼은 총애하네
깨질만한 보고전엔 안가도될 해외출장


部下の実績上司物自分失敗部下責任
真面目な人苛めてごますりは大好き
叱られる報告前は行き成り海外出張

## 007
# 김차장
## 金次長

니생각을 존중하니 고민해서 가져와라
이거밖에 안되느냐 다시해와 침튀기네
누구한테 일배웠냐 그게바로 너거든요


お前を尊重するから考えて持って来なさい
これしか出来ないのかやり直せと唾飛ばす
誰に教えて貰ったかそいつがあなたである

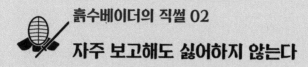

## 자주 보고해도 싫어하지 않는다

회사에서 벌어지는 모든 일은 사람과 사람과의 의사소통으로 이루어진다. 의사소통을 잘하는 사람일수록 일을 잘한다는 평가를 받는다.

의사소통은 안부인사와 비슷하다. 나이가 어린 사람이 먼저, 지위가 낮은 사람이 먼저 소통을 한다. 당신은 가족 또는 연인과 소통(보고, 연락)을 자주 할 것이다. 당신의 상사도 소통을 자주 하면 좋아한다.

소통(보고, 연락)을 안 해서 문제가 생기는 경우는 있어도, 소통을 잘해서 문제가 생기는 경우는 없다. 거짓말로 소통(보고, 연락)을 하거나 뒤늦게 보고를 하면 문제가 생긴다. 당신이 어떤 일을 맡아서 하고 있을 때, 일의 시작과 중간에, 그리고 완료했을 때 상사와 소통하라. 중요한 건은 카톡으로 하지 말고 직접 소통해라.

1. 일을 시작할 때 언제까지 하겠다고 소통해라.
2. 도중에 궁금한 점이 생겼거나 문제가 생겼을 때 소통해라.
3. 약속일까지 반 정도 남았을 때 진척 상황을 소통해라.
4. 약속일을 약간 당기거나 미뤄야 할 때 소통해라.
5. 일이 완료되었을 때 소통해라.

당신의 상사는 시킨 일을 약속한 시간에 맞춰 가져오는 것을 느긋하게 기다리지 않는다. 진도가 얼마나 나갔는지, 본인이 지시한 대로 일이 진행되고 있는지 궁금해한다.

일이 일정대로 정상적으로 진행되고 있어도 상사

와 중간 소통을 해라. 일이 예상보다 지연되거나 잘 풀리지 않고 문제가 생겼을 경우에는 즉시 소통해라. 가장 나쁜 경우는 상사와 일을 완료하기로 약속한 시간이 이미 넘었고, 일도 제대로 완료되지 않았는데 상사에게 보고를 하지 않는 것이다.

상사의 기억력이 나빠서 당신에게 지시한 것을 잊어버렸을 것이라는 희망은 버려라. 운이 좋아서 상사가 지시한 일 자체가 저절로 해결이 되었어도, 상사는 본인이 시킨 일을 당신이 하지 않았다는 것을 기억한다. 당신을 평가하는 시기에 당신이 일을 완료하지 못한 것을 기억한다.

# 김과장
## 金課長

소온발이 다닳도록 하루동일 비벼보세
팀장말은 잘듣지만 차장말은 씹어묵네
앞에서는 굽신굽신 뒤에서는 팀장흉내


毎日手筋が無くなるまでごますり
チーム長前で犬次長前で知らん顔
ごますり後ろでチーム長の物まね

# 김대리
金代理

사람인 그만봐라 니스펙에 갈데없다
주식좀 그만보고 시킨거나 빨리해라
고기를 안꿔봤나 익은거만 집어묵네


採用ポ見るな君の実力で行ける所あるか
株見るのやめろ指示した仕事をしなさい
焼き方知らないのか焼かれた肉だけ食う

# 김수석
金首席

일시키면 딴데보며 안된다고 예언하네
언제까지 할꺼냐면 언젠가는 된다하네
잘못돼도 모르겠다 시킨니가 잘못이다


仕事をさせたら他の所を見て出来ないと予言する
いつまでやれるかと聞くといつかは出来ると返事
失敗しても僕は知らないぞやらせた君が悪いです

# 상사를 말려 죽이는 10가지 방법

당신은 상사를 말려 죽일 수 있다. 혹은 상사의 인내력의 한계가 어디까지인지 알아볼 수 있다.

1. 지시한 일에 대해서 기한을 넘긴다. 상사가 물어보기 전에는 언제까지 하겠다는 말도 하지 마라.

2. 문제가 생겼을 때 혼자서 고민하면서 문제를 키워라. 더이상 당신이 어찌할 수 없을 만큼 문제를 키우고 나서 상사에게 말해라.

3. 상사가 물어볼 때마다 다른 답변을 해라. 특히 숫자를 계속 바꿔서 대답해라.

4. 권한도 없고 혼자서 책임지지 못할 일을 상사와 상

의 없이 결정해라. 당신 상사의 상사, 이해관계가 있는 다른 팀, 고객과 지킬 수 없는 것을 약속해라.

5. 회사에 늦게 출근해라. 특히 회식한 다음날 반드시 늦게 가라.

6. 잘못된 것에 대해 여러 번 지적을 받아도 고치지 마라.

7. 시작하기도 전에 그 일은 안 될 것이라고 예언해라.

8. 거짓말을 섞어서 자기 변명을 해라.

9. 고객과 약속을 지키지 마라. 약속을 지키지 않아서 화가 난 고객이 당신의 상사에게 직접 항의하도록 만들어라.

10. 당신에게 편하고 유리한 방향으로 해석하고 실행해라.


당신은 가족이나 친구에게 위와 같은 짓을 많이 해봤을 것이다. 당신이 아직 버려지지 않았다면 당신을 많이 봐준 것이니 감사해라.

회사에서는 미련 없이 버려질 것이다. 다시 안 봐
도 될 사이라면 꼭 해 봐라.

# 동문서답
無関係な回答

주문이 몇개왔냐 지난주는 비왔어요
생산은 몇개했냐 이번달은 추웠어요
출하는 몇개했냐 다음달은 될거예요

注文はいくつもらったか先週は雨でした
生産はいくつ出来た今月は寒かったです
出荷はいくつか来月にはなると思います

## 012

# 동료를 말려 죽이는 동료

仲間を巻き殺す仲間

동료들은 죽어나도 춤추며 칼퇴하네
갑자기 휴가내며 다른동료 부담주네
관둔다 딴데간다 이십년째 반복하네


同僚は苦労しても踊りながら定時退勤する
急に休暇を取って他の同僚に迷惑をかける
僕はやめる別の所へ行く二十年も繰り返す

## 흙수베이더의 직썰 04
# 동료를 말려 죽이는 10가지 방법

　당신은 월요일부터 금요일까지 출근하고 토요일, 일요일, 국경일은 쉰다. 본인의 필요에 따라서 연차, 월차 휴가를 사용할 수 있다.

　휴가를 낼 때는 미리 보고하고 공유해야 한다. 그래야 당신이 휴가 때 당신 대신 일을 해 줄 사람이 미리 준비할 수 있다.

　당신이 고객을 응대하는 사람이라면 고객에게도 미리 양해를 구해야 한다.

　회식 다음날 아침에 휴가를 내지 마라. 당일 휴가나 당일 반차도 웬만하면 쓰지 마라. 당신의 동료들이 힘들어진다.

동료들이 너무 싫다면 갑자기 휴가를 써서 말려 죽일 수는 있겠다.

아래 방법으로 당신 동료들의 인내력의 한계가 어디까지인지 알아볼 수 있다.

1. 누군가가 팀에서 해야 할 일이 생기면 절대로 자원하지 않고 먼산이나 발끝을 바라봐라.

2. 당신의 일이 팀에서 가장 많고 힘들다는 표현을 자주 해라. 동시에 퇴근을 가장 빨리 해라.

3. 시기적으로 해야 할 일이 많이 있는 기간에도 당신 일에만 신경 써라. 동료가 일이 많아서 헉헉대도 도와 주지 마라.

4. 팀 분위기가 심각해도 즐겁게 잡담을 하거나 노래를 흥얼거려라. 다른 팀 사람에게 우리 부서의 분위기가 개판이라는 말을 자주 해라.

5. 자주 취업사이트를 검색하고 동료들과 공유해라.

6. 당신은 이 회사를 오래 다니지 않을 것이라는 말을

자주 해라. 그러면서 오래 다녀라.

7. 근무시간 중에 자주 사라져라. 다른 팀에서 당신처럼 자주 사라지는 사람과 친해져라.

8. 팀 회식에 참석하지 마라. 미처 회식자리에 빠지지 못한 상황이라면 집에 갑자기 급한 일을 만들거나 친척이 돌아가셨다며 어쩔 수 없이 못 간다고 말해라. 만약 회식에 참석하게 됐으면 고기를 굽지 말고 새까맣게 화형을 시켜라.

9. 회사의 자원(소모품, 전기, 복후비)을 공짜라고 생각하고 마음껏 써라.

10. 어떤 일을 시켜도 '내 일'이 아닌 '남의 일'이라고 생각해라.


당신은 집에서 위의 방법을 형제, 자매에게 많이 해 봤을 것이다. 그래도 당신은 가족에게 버려지지 않았다.

당신의 동료는 당신의 가족만큼 봐주지 않는다. 필

요없는 동료는 미련 없이 버려질 것이다. 다시 안 봐
도 될 사이라면 도전해 봐라.

# 엑셀

エクセル

니수식이 틀렸겠지 엑셀이 구라칠까
이놈저놈 건드리니 순식간에 십오메가
버전은 늘어가고 날밤새게 하는구나


お前数式間違ったエクセルは嘘つかん
誰でも触っててあっと言う間十五メガ
バージョンは増えて徹夜に成るだろう

## 014
# 피피티
パワポ

시킨일은 못했어도 장표하난 잘만드네
폰트맞춰 놓았더니 양식변경 웬말이냐
제아무리 공들여도 수틀리면 쓰레기통


仕事は出来ないがパワポは上手いね
ポント合わせたのに様式変更された
いくら念を入れても突然ゴミ箱行き

## 글꼴
### フォント

글자체를 통일해야 장표가 이뻐지네
맑은고딕 바꾸라니 와꾸가 틀어지네
어느덧 적응하니 원래대로 또바꾸네


フォント調整したこそ報告書が綺麗になるって
清いゴシックに変えるなんてフレームがずれる
いつの間に慣れてきたら元にまた戻りましょう

# 당신이 이길 수 없는 동료의 특징 10

주위를 잘 살펴보면 자주 코칭을 받는 동료가 있을 것이다. 상사는 그 동료에게 애정이 있고 키울 생각이 있다. 그 동료는 아래와 같이 말하고 행동한다.

1. 상사의 질문에 대한 핵심을 정확하게 짚는다. 묻는 말에만 대답한다.

2. 상사의 성향을 파악해서 미리 준비한다. 피드백이 빠르다.

3. 말하고자 하는 것을 이해하기 쉽게 표현하고 전달한다.

4. 고객과 관계 형성을 잘한다. 시장이나 고객의 상황

을 빨리 입수한다.

5. 고객의 입장에서 생각하고 대응이 빠르다. 중간에 연락을 한다.

6. 조직이 해야 할 일과 앞으로 나아갈 방향을 이해한다.

7. 어려운 환경에서도 목표에 대한 달성 의지와 실행력이 강하다.

8. 다른 조직에서 인원이 필요할 때 자주 언급된다.

9. 책을 많이 읽고 현업에 필요한 내용을 공부한다.

10. 아침에 제일 먼저 출근한다. 본인 할 일이 끝나면 동료를 도와준다. 할 일이 없으면 미적거리지 않고 곧바로 퇴근한다.


당신은 상사로부터 코칭(잔소리)을 듣고 있는가? 아마 아닐 것이다. 세 가지 이유가 있다.


1. 모든 일을 완벽하게 하고 있어서 코칭이 필요없다.

2. 코칭을 해도 잘 듣지 않기 때문에 할 필요가 없다.

3. 당신을 같이 일할 사람으로 생각하지 않는다.


상사 입장에서 생각해 보자. 과거에 당신에게 코칭 (지적질)한 내용을 여러 번 반복해서 말해야 한다면, 상사는 당신의 능력이 부족해서 코칭한 내용을 제대로 수행할 수 없다고 생각하거나, 당신이 너무 잘나서 코칭한 내용을 받아들이지 않고 자신을 무시한다고 생각할 것이다.

당신의 상사는 당신의 부모보다 인내심이 적다.

# 회의1

会議 1

날밤새서 만든자료 십초만에 넘어갔네
자기맘에 안든다고 한시간째 설교하네
니혼자서 떠들꺼면 녹음해서 들려줘라


徹夜で作った資料が十秒で飛ばされた
気に入らんと言いながら一時間苛める
手前一人で喋るなら録音して聞かせろ

# 회의2
会議 2

회의전에 리뷰회의 회의후에 팔럽회의

니가무슨 아메바냐 무한분열 하는구나

하루종일 회의하니 일은언제 할까회의


会議前レビュー会議終わってフォロー会議

お前はもしアメーバか無限分裂するものだ

一日中会議で仕事はいつやれるか会議しよ

# 회의3

会議3

순서를 잘받아야 안깨지고 끝날텐데
앞에서 깨지는팀 곡소리가 나는구나
어이쿠 이럴수가 점심패스 계속하네


順番好ければ無事に終わるが
前の報告はやられて大変そう
あららしまったお昼なし即行

# 회의4
## 会議4

물어볼걸 물어봐라 내가무슨 구글이냐
니아는건 묻지마라 당황하면 더듬는다
정몰라서 묻는다면 찍어서함 넘겨보마


答える事を聞け俺はグーグルじゃね
知ってる事が聞くな焦るのいや何だ
本気で聞くなら掛けて当てて見よう

# 회사는 당신을 붙잡지 않는다

회사에서 당신을 붙잡는 사람은 없다. 당신의 역할을 대체할 수 있는 사람은 당신 필통에 꽂혀 있는 볼펜보다 많다. 당신이 그만두면 회사에 큰 일이 생길 것이라고 착각하지 마라. 당신이 회사를 그만두면 동료들이 아쉬워할 것이라고 오해하지 마라. 일주일 안에 다른 사람이 당신의 역할을 대신할 것이다. 당신이 《삼국지》에 나오는 관우라도 회사는 당신을 잡지 않는다. (조조도 관우를 잡지 않고 놓아주었다. 계속 잡았으면 다른 부하들이 떠났을 것이다.)

회사에서 일하는 개인의 능력에는 큰 차이가 없다. 어학점수나 자격증은 실전에서 통한다는 증명이 되지 못한다. 그렇다면 실전에서 통하는 능력은 무엇일까? 당신의 태도이다.

회사에 대한 로열티(Loyalty)가 강하고 맡은 일에 대해서 진지하고 성실한 태도를 가진 사람이 그렇지 못한 사람 사람보다 좋은 결과를 낸다. 좋은 태도를 가진 사람이 상사와 동료로부터 좋은 평가를 받는다. 실력도 없고 노력도 안 하는 사람이 로열티만 있다고 좋은 평가를 받게 될까? 안타깝지만 그런 경우도 있다.

술자리에서 상사에게 무릎을 꿇고 술을 따르며 충성 맹세를 하는 사람이 고과를 잘 받는 경우도 있다. "어떻게든 형님을 잘 모셔서 마음에 들어 볼까 노심초사 중입니다. 앞으로도 형님이 시키시는 건 뭐든 할 생각이오니 저를 지켜봐 주세요."라고 카톡이나 문자를 보내는 사람도 있다. 양아치가 하는 일이다.

로열티는 상호 신뢰와 믿음의 관계에서 이루어진다. 충성주나 충성문자는 아첨과 비굴이지 로열티는 아니다. 아첨과 비굴은 보상을 바라고 하는 것이다.

로열티는 보상을 기대하지 않고 때로는 자신의 손해를 감수하고 비합리적일 수도 있다. 가족이나 친구에 대한 의리나 헌신과 비슷하다. 로열티는 나에게 월급을 주는 고객과 회사에 대한 최소한의 예의이며, 나를 평가하는 상사와 동료에 대한 기본적인 예의이다.

로열티를 한자로 쓰면 충성심이라고 치자. 충성(忠誠)을 파자(破字)하면 다음과 같다. 中 + 心 + 言 + 成. "마음이 가운데에 있고 말한 것을 이룬다." 검도에서 중단 자세를 잘 잡고 있는 사람에게는 쉽게 파고들어 가기가 어렵다. 중단 자세를 잘 잡지 못하고 몸이나 칼이 이리저리 흔들리는 사람은 쉽게 무너진다. 회사에서 마음을 잡지 못하고 이런저런 생각이 많은 사람은 중심이 쉽게 흔들린다.

중심(마음)이 쉽게 흔들리는 사람은 다음과 같다.

1.  회사나 조직의 이익보다 개인의 이익을 먼저 생각한다.

2. 회사의 방침이나 이익에 반대되는 행동을 한다.

3. 회사의 정보를 외부로 유출시켜서 회사에 피해를 입힌다.

4. 내가 해야 할 일을 제대로 하지 않아서 조직에게 피해를 준다.

5. 상사의 지시를 듣지 않고 자기 멋대로 일한다.


이런 사람은 회사에서 쫓겨난다.

회사에서 붙잡는 사람은 못 되어도 회사에서 쫓겨나는 사람은 되지 말자.

# 사업계획1
## 事業計画 1

내일일도 모르는데 내년일을 어찌알리

니가언제 맡겨놨냐 더내놔라 생떼쓰네

내년에도 catch up* 후년에도 catch up


明日の事も知らないのに来年の事聞くな

預けた物なのかもっと出せと要求するな

来年にももっと出せ再来年ももっと出せ


* Catch Up Plan：고부가가치가 있는 제품의 판매를 확대하여 매출을 올리고, 원가나 에너지를 줄이는 혁신 활동을 가속화하여 비용을 절감하려는 계획

# 사업계획2
## 事業計画2

봄에는 장기계획 가을에는 내년계획

이놈이 올리라면 저놈은 내리라네

일년에 반이상은 계획짜다 가는구나


春には長期計画秋には来年計画

コイツは上げろソイツは下げろ

一年に半分は計画ばかりつくる

# 신규사업1
## 新事業 1

매출금액 더올리고 판가방어 더내려라

신규업체 늘리라며 정예화는 웬말이냐

철야는 해도되나 잔여휴가 다쓰라네


売り高もっと上げ売値防御もっと下げ

新規業者数増やして少数精鋭出来るか

徹夜は鎌は無いけど残り休暇はゼロに

# 신규사업2

新事業 2

신규사업 해볼사람 용감하게 손들었네
사장님이 바뀌더니 반년만에 접어삐네
다음에또 물어보면 절대로 손안들리


新事業募集に勇気出して支援した
社長替わるに新事業も無かった事
また聞かれたら絶対に支援しない

# 아무 회사나 다니지 마라

당신이 학교를 졸업하면 자기사업을 하거나 놀거나 직장을 구하게 될 것이다. 직장을 구한다고 치자.

먼저, 필요한 사람을 구하려는 회사는 신문이나 구인포털에 신입사원 모집광고를 띄운다. 당신은 이력서와 자기소개서를 회사에 제출한다. 서류가 통과되면 영어, 상식, 적성 등 시험을 치고, 면접을 본다.

만약 당신이 취업만 된다면 어떤 일이든지 하겠다는 심정이라고 치자. 당신은 회사의 업종, 규모, 채용부서에 상관없이 입사원서를 제출할 것이다. 당신은 자신이 하고 싶은 일이 무엇인지, 잘할 수 있는 일이 무엇인지에 대해서 고민하지 않고 가능한 한 많은 회사에 원서를 넣게 된다. 이러면 안 된다. 후회한다.

그러다 취업이 확정된다. 당신은 입사 후 취직이 되었다는 사실 자체가 너무 행복해서 회사에서 시키는 일은 무엇이든 감사한 마음으로 한다.

그런데 당신이 적성에 대한 고민 없이 취업하는 것 자체가 목적이었다면, 입사 3개월, 6개월, 혹은 1년 후 심한 갈등을 겪게 된다. 당신이 적성과 맞지 않는 일을 오래 하다 보면 회사와 동료에 대한 불만이 생기면서 그만둘 생각을 하게 된다.

당신이 회사를 그만두는 이유는 세 가지이다.

1. 이 회사에 취직이 되었으니 다른 회사에서도 취직이 될 수 있다는 근거 없는 자만심이 충만하다.
2. 적성이 무엇인지 모르지만 다른 회사에서 다른 일을 하면 왠지 잘할 수 있다는 생각이 든다.
3. 어차피 하기 싫은 일을 해야 한다면 조금이라도 돈을 더 많이 주는 회사에서 일을 하겠다.

위의 이유들로 회사를 그만두는 사람은 한 번으로 끝나지 않고 여러 번 회사를 옮긴다. 도망가는 사람은 계속 도망다니며 산다.

당신이 회사에서 근무하는 기간이 짧으면 짧을수록 회사와 당신, 양쪽 다 손해다. 회사는 당신에게 투자한 시간과 비용의 손해를 본다. 당신도 그 회사를 다니면서 허비한 시간만큼 손해를 본다. 게다가 일을 잘하지 못했다면, 당신의 평판과 경력은 부정적인 영향을 받는다.

이것을 방지하기 위해서 입사하기 전에 신중한 고민과 판단이 필요하다. 당신에게는 신이 준 천부적인 재능, 성격, 신체조건이 있다. 이것이 모여서 당신의 적성을 만든다. 취직 자체가 목적이라서 적성과 전혀 맞지 않는 일을 하는 것은 회사와 당신 모두에게 비극이 된다.

배부른 소리 하지 말라고?

적성에 맞는 일을 하는 사람이 얼마나 되냐고?

당신 말이 맞다. 회사가 원하는 일에 당신의 성격과 적성을 맞출 수도 있다. 하면 된다. 그런데 못 맞출 경우 당신은 그리스 신화에 나오는 괴물의 침대에 묶여서 억지로 키가 늘려지거나 발목이 잘려야 하는 상황이 매일 벌어진다. 자신 있으면 해 보길 바란다.

# 보고서1
## 報告書 1

주말에도 출근해서 준비한 보고자료
서면대체 소식에 우리모두 만세삼창
아뿔사 아니랜다 우리모두 망연자실


週末も出勤して準備した報告書
書面代替らしいって皆万歳参唱
あらららら違うって皆で呆然自失

# 보고서 2

報告書 2

회의때 구라치다 딱걸려서 다시보니
작년과 같은내용 반복하여 자기복제
느는건 작문실력 소설가가 되어가네


会議での嘘言がばれて最初から見直すと
昨年と同じ内容で毎年繰り替えされてる
上手くなるのは作文実力で小説家に匹敵

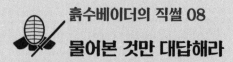

## 흙수베이더의 직썰 08
## 물어본 것만 대답해라

당신의 상사는 자신이 물어본 것에 대해서 당신이 대답해 주기를 원한다. 대답을 잘하기 위해서는 상사의 질문에 들어 있는 주어와 목적어를 사용해서 대답하면 된다.

상사가 당신에게 "오늘 붕어빵을 몇 개 팔았습니까?"라고 질문을 한다. 그러면 당신은 다음과 같이 대답할 수 있다.

1. 저는 오늘 붕어빵을 500개 팔았습니다.
2. 잘 모르겠습니다. 확인하고 다시 보고를 드리겠습니다.

3. 오늘 비가 많이 와서 손님이 별로 없었는데 제가 혼자서 계속 서 있느라 다리도 아프고 갑자기 배도 아프고 해서 잠시 화장실도 다녀왔는데 그동안 손님이 와서 몇 명은 그냥 가기도 한 것 같고 하여간 별로 못 판 것 같습니다.

1번은 모법답안이다. 상사는 더이상 물어보지 않는다.

2번은 솔직한 대답이다. 정확히 파악하고 다시 보고하면 된다.

3번은 당신의 상사가 싫어하는 대답이다. 묻는 말에 대답을 해라. 물어보지 않은 설명은 상사의 요청이 있을 때에만 해라. 필요가 없는데도 부연 설명을 하면 자신이 없어 보이고, 답변한 내용이 거짓은 아닌지 의심을 받게 된다.

상사가 선호하는 보고 방식에 따라서 대답하는 방법도 달라져야 한다.

1. 자료에 볼펜으로 밑줄을 치며 읽는 것을 좋아하는 상사가 있다.
2. 말로 자세하게 설명해 주는 것을 좋아하는 상사가 있다.
3. 시각화된 자료를 메일로 받는 것을 좋아하는 상사가 있다.

자료로 보고받는 것을 좋아하는 상사에게 구두로 보고하면, 그래서 언제 보고할 것이냐는 말을 듣게 된다. 말로 요점만 간단하게 보고받는 것을 좋아하는 상사에게 자료를 만들어서 보고하면, 일은 안 하고 쓸데없이 자료를 만든다는 말을 듣게 된다. 당신의 상사는 취향이 있다. 고기를 좋아하면 고기를 주고, 생선을 좋아하면 생선을 줘라. 선호하는 서비스를 제공해라.

보고는 상사와 부하 사이에서만 하는 것은 아니다. 다른 조직에서 일하는 사람과의 소통도 회사에서 일을 하는 데 매우 중요하다.

'네마와시(根回し)'라는 일본어가 있다. 나무를 옮겨 심기 전에 뿌리를 정리하는 것을 말한다. 회사에서는 '사전협의' 혹은 '물밑조정'의 의미로 쓰인다. (요즘은 거의 안 쓴다.)

어떤 일의 의사결정이나 협조 요청을 하기 전에 관련 부서의 사람들과 미리 의견을 조정해라. 다른 의견이나 반응을 미리 확인할 수 있고, 불필요한 오해나 충돌이 생기는 것을 막을 수 있다.

요청메일만 던지면 되지 번거롭게 이런 거를 왜 하냐고?

이것을 잘 못하면 당신은 쉽고 편하게 할 수 있는 일을 어렵고 힘들게 하게 된다.

# 외부천설팅1

外部コンサル1

이건뭐냐 저건뭐냐 돈을내고 알려주네

이거해라 저거해라 잘안되면 우리책임

여기에서 배워간거 다른데서 써묵기도


これ何だあれ何だ金払って勉強もさせる

これしろあれしろ結果出ないと内の責任

我が社で習った事他社で得意技にするか

# 외부컨설팅2

### 外部コンサル2

누구를 위한건지 무엇이 목적인지

장표는 늘어나고 업무를 못하겠네

내년에 또바뀔껄 돈버는건 컨설턴트


誰の為なのか何が目的なのか

報告書増えて仕事は誰がやる

毎年儲かるのはコンサルのみ

# 방향보다 속도가 중요한 이유

대학교수나 컨설턴트는 방향이 중요하다고 말한다. 그들은 방향만 잘 잡으면 언젠가는 목적지에 도착할 것이라고 한다. 그래서 방향을 잡는 데 시간과 돈을 충분히 투자하라고 한다. 그래야 그들에게 일(돈)이 된다.

불행히도 그들은 현장에서 일해 본 경험이 없다. 실행이라는 것을 안 해 봤을 것이다. 실행을 안 해 봤으니 실패한 경험도 없다. 그래서 더욱 방향(전략)이 속도(실행)보다 더 중요하다고 말한다. 나중에 일이 잘못되어도 자기들이 방향은 잘 잡았는데 현장(실무)에서 실행을 잘못했다고 하면 된다.

회사에도 대학교수형 혹은 컨설턴트형 임원(리더)을 많이 볼 수 있다. 일이 잘못되어도 그들은 살아남고 실무자가 책임을 뒤집어쓰고 버려지는 경우가 많다.

그렇다면 방향을 잘못 잡고 속도만 빠르면 일이 잘될까?

의외로 잘 된다. 잘못된 방향으로 갔더라도 빨리 원점으로 돌아와서 다시 가면 된다. 실패는 좋은 경험과 자산이 된다. 평생 단 한 번의 실패 없이 방향만 잘 잡으며 살 수 있다고 생각하면 그렇게 해라.

속도가 방향보다 훨씬 더 중요한 이유를 실생활에서 알아 보자.

1. 검도에서 가장 중요한 것은 무엇인가? 속도다.
   기검체 일치, 정중선을 지키는 자세, 물러서지 않는 마음 등 중요한 것은 많다. 그러나 빨리 치는 사람이 이긴다.
2. 당신이 택시를 타는 이유는 무엇인가? 속도다.

더 빨리, 더 급하게 가야 하기 때문에 기꺼이 돈과 시간을 바꾼다.

3. 당신이 새 차를 선택하는 기준은 무엇인가? 속도다.

   제아무리 성능이 좋아 봐야 출고가 느리면 빨리 나오는 차를 산다.

4. 당신이 시키는 짜장면의 기준은 무엇인가? 속도다.

   중국집의 존재의 이유는 속도다. 맛? 위생? 평점? 크게 의미없다.

5. 당신의 상사가 원하는 결과물의 평가기준은 무엇일까? 속도다.

   모든 상사는 완성도보다 속도를 원한다. 장담한다.

6. 당신이 생각하는 일 잘하는 부하의 기준은 무엇일까? 속도다.

   빠른 부하가 느린 부하보다 고과점수가 높다. 장담한다.

7. 당신은 고속도로와 국도 중에 어디로 가는가? 속도다.

경치? 공기의 질? 휴게소? 아니다. 더 빠른 길로 간다.

8. 토트넘에서 손흥민의 포지션은 무엇인가? 속도다. 패스 잘한다. 양발 다 잘 쓴다. 골 잘 넣는다. 그런데 빠르다.

9. 당신이 공항이나 은행에서 괜히 열받는 이유는 무엇인가? 속도다.

평소에는 점잖은 당신이 공항이나 은행만 가면 싸우고 소리지르고 쌩 난리를 친다. 왜 그럴까? 속도가 느려서 그렇다.

10. 우리나라 코로나 검사가 왜 대박을 쳤는가? 속도다.

우리나라가 일본처럼 코로나 검사를 했으면 폭동이 일어나고도 남았다.

방향을 잘 잡으려고 속도를 희생시키지 마라.

방향은 신의 영역이고, 속도는 인간의 영역이다.

# 구매
## 購買

내돈내고 안사는데 한번살때 왕창사자
돈주고도 못사오냐 라인서면 각오해라
기분도 울적한데 영업사원 불러볼까


俺の金でもないから一回でいっぱい買おう
金払っても買えないかライン止まると首だ
気分の寂しい取引先営業マン呼んで見よう

# 기획
企画

경영회의 업무보고 원가혁신 사업전략
양식은 보냈으니 빈칸채워 회신줘라
요청시간 지났는데 주는놈은 하나없네

経営会議業務報告原価革新事業計画
様式送りましたので至急回答下さい
要求時間過ぎたのに誰も回答がない

# 총무
総務

업무홍보 대외협력 차량배차 정보보안

사장님이 오신다니 식당메뉴 좋아졌네

마이크가 안나와서 시무식때 똥줄타네

業務広報対外協力車両配置情報保安

社長訪問で食堂メニュ美味くなった

急にマイクの故障で大が漏れそうだ

# 매뉴얼을 찾지 말고 스스로 배워라

회사에 식당이나 화장실이 어디에 있는지 매뉴얼에 없어도 당신은 이미 잘 사용하고 있다. 어디인지 알려 주는 사람도 없고 매뉴얼에도 없지만 사용하지 못하면 당신 스스로 괴롭기 때문이다. 잘 모르는 일도 그렇게 하면 된다.

회사에 입사하면 일을 시작하기 전에 신입 혹은 경력사원 교육을 받게 된다. 멘토(Mentor), 멘티(Mentee) 제도가 있는 회사라면 실무 배치 후에도 선배들에게 노하우 전수나 고민상담 등의 도움을 받게 된다. 너무 기대하지 마라. 형식적인 제도이다.

당신이 배워야 할 실무는 스스로 배우려는 의지가

있어야 빨리, 제대로 일을 배울 수 있다. 인수인계서나 업무매뉴얼(Manual)이 아무리 자세하고 꼼꼼하게 작성되어 있더라도, 업무를 수행할 때 일하는 방법을 전부 배우는 데는 한계가 있다.

당신이 사회초년생이라면 선배로부터 직접 일대일로 배우게 된다. 그런데 당신의 회사에는 친절하고 상냥하게 일을 가르쳐 주는 선배는 없다. 일을 배우려는 사람이 가르쳐 주는 사람에게 적극적인 태도로 자세히 물어봐야 배울 수 있다. 일을 잘 배울 것인지, 잘못 배울 것인지는 당신의 태도에 달려 있다.

당신이 선배라고 생각해 보자. 적극적인 태도와 배우려는 의지가 있는 후배에게 하나라도 더 가르쳐 주고 싶은 마음이 생길 것이다.

일을 다 배웠으면 더 빨리 끝낼 수 있도록 속도를 높여라. 숙달이 되면 다른 일을 배워라. 정시 퇴근을 하려면 일의 속도를 빨리 하거나 일의 밀도를 높이는 방법밖에는 없다. 8시간 걸리던 일도 당신이 스스로 지혜를 짜낸다면 4시간으로, 2시간으로 줄일 수 있다. 하던 일 외에 추가로 일을 받는 것을 기피하고 주어진 일만 하면 나중에 힘들어진다.

태도, 인사나 걸음걸이, 말하는 목소리도 매뉴얼에는 없다. 당신의 평소 걸음걸이와 목소리에서 나오는 자신감, 인사하는 방법도 당신을 평가하는 기준이 된다.

평소 당신의 모습이 쌓여서 평판을 만든다. 평판은 연봉 곡선의 기울기를 정하고, 다른 팀에서 스카웃 제안의 기회를 만들기도 하고 없애기도 한다.

# 생산이 본 영업

生産から見た営業

어제주문 내일달라 우물에서 숭늉찾기

이거당장 만들어줘 다만들면 안팔리네

팔으려고 만들었지 쌓으려고 만들었냐

昨日注文明日納期井戸端にお湯探し

これすぐ造って終ったら知らん振り

売ろうと造ったか積もうと造ったか

# 영업이 본 생산

## 営業から見た生産

급한것은 안만들고 안급한건 벌써입고
어려운건 못만들고 쉬운것은 불량내네
고객사정 나는몰라 영업에서 알아서해


至急品は徐々に一般品はすでに入庫
厳しい物は造れない易しい物は不良
お客の事情何か知るか営業に任せよ

# 남 탓

他人のせいにする

고객은 영업팀탓 영업팀은 품질팀탓

품질팀은 기술팀탓 기술팀은 제조팀탓

제조팀은 설계팀탓 설계팀은 영업팀탓


お客様は営業部のせい営業部は品質部のせい

品質部は技術部のせい技術部は製造部のせい

製造部は設計部のせい設計部は営業部のせい

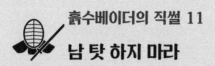

# 남 탓 하지 마라

문제가 생겼을 때 남 탓을 하지 마라. 남 탓을 하면 정확한 문제점을 알 수 없고, 그 문제가 다시 당신에게 돌아온다.

당신이 고객을 상대하는 영업직이라고 치자. 영업이 남 탓을 하면 본인에게 다시 돌아온다는 것을 증명해 보겠다.

1. 고객 : 제품이나 서비스에 문제가 있어서 당신(영업)에게 왜 문제가 있는 제품을 팔았는지 따진다.

2. 영업 : 품질팀에게 왜 제대로 검사를 하지 않았는지, 왜 불량품이 만들어져서 고객에게 유출이 되었

는지 따진다.

3. 품질 : 기술팀에게 왜 제품을 검사하는 방법과 제품을 만드는 표준을 제대로 정하지 못했는지 따진다.

4. 기술 : 제조팀에게 왜 정해진 표준대로 제품을 만들지 않았는지 따진다.

5. 제조 : 설계팀에게 왜 제품을 쉽게 만들 수 있도록 설계를 하지 않았는지 따진다.

6. 설계 : 영업팀에게 왜 이렇게 만들기 어려운 제품을 주문받았는지 따진다.

7. 영업 : 품질팀에게 왜 제대로 검사를 하지 않았는지, 왜 불량품이 만들어져서 고객에게 유출이 되었는지 따진다. 심지어 고객이 잘못 사용한 것은 아닌지를 먼저 찾는다.


망하는 회사는 위의 1번에서 7번까지 무한궤도를 돈다.

당신의 문제점이 무엇인지는 생각하지 않고 다른

사람이나 외부에서만 문제점을 찾으면 개선할 수 없다. 문제점을 내부에서 찾지 않고 변명부터 하는 회사나 조직도 남 탓의 무한궤도를 달린다. 성적이 나쁜 학생이 선생님과 가족과 친구와 독서실과 학원과 옆집 강아지 핑계를 대는 것과 같다.

# 인사1
## 人事 1

벌써부터 누가될까 소문은 무성한데
하루전에 누가될지 알아봐야 소용없다
승진대상 김과장은 벌써부터 밀착대응


早くから誰に成るか噂は騒ぎだ
前もって知ってても意味は無い
昇進対象の金課長最早密着対応

## 035

# 인사2

人事2

설마했던 그인간이 우리팀에 올줄이야

너만그리 황당하냐 우리들도 멘붕이다

승진대상 김과장은 벌써부터 밀착대응


真逆とあいつが我々に来るとは

君は荒唐か我もメンタル崩壊だ

昇進対象の金課長最早密着対応

# 인사고과
人事考課

타스크로 돌다보니 이렇다할 실적없네
난생처음 C받으니 인센티브 하나없네
물가는 오르는데 연봉은 그대로네


タスクに回され実績が足りなく
シ点貰ったらボーナスがゼロで
物価は上がるに年収はそのまま

# 평가에 너무 민감해하지 마라

세상은 원래 불공평하다.

회사가 당신을 공정하거나 공평하게 평가할 것이라고 기대하지 마라. 기대했던 고과를 못 받았거나, 다른 사람보다 고과를 낮게 받았다고 너무 실망하지 마라. 회사는 직원 모두를 객관적이고 정확하게 평가하지 못한다.

승진이 안 된 사람의 입장에서 생각해 보면 누구나 서운한 마음이 든다. 당신이 누구보다 열심히 일을 했고 회사에 기여한 성과를 냈는데도 그에 맞는 평가를 못 받았거나 승진이 안 되었다면 더욱 서운한 마음이 들 것이다.

개인 모두에 대해 공정하고 객관적인 평가는 애초에 불가능하다. 일본의 어느 회사는 직원들의 이름을 쓴 종이를 선풍기 바람에 날려서 가장 멀리 날아간 종이에 적힌 이름의 직원을 승진시킨다고 한다. 누구를 승진시키고 누구를 탈락시키는 것을 사람이 정하는 것보다 선풍기가 정하는 것이 공정하고 공평할까? 그렇지 않다. 그런데 최소한 불만은 없앨 수 있을 것이다.

일을 열심히 해서 결과가 좋은 사람과 일을 열심히 하지 않아서 결과를 내지 못하는 사람이 같은 대우를 받기도 한다. 일을 열심히 했는데도 상황에 따라서 결과가 좋지 않거나, 일은 대충 했는데 운이 좋아서 결과가 좋은 사람도 생긴다.

그런데 승진을 너무 빨리 하는 것이 좋은 면만 있는 것은 아니다. 너무 빠른 승진이 사람을 건방지게 만들거나 일 중독으로 만들어 주변 사람을 힘들게 하는 경우도 있다. 한두 번은 운으로 혹은 처세술로 평가하는 사람을 속일 수 있다. 그러나 시간이 지나면 당신이 제대로 일을 해서 성과를 내는 사람인지 아닌지를 누구나 알 수 있게 된다.

인사평가는 선풍기가 한다고 생각해라. 속이라도 편하다.

# 진단
診断

고압적인 후까시에 주눅들면 지는거다
아침부터 밤중까지 영혼마저 탈탈털려
이젠나도 모르겠다 니들말이 맞다치자

高圧的態度でびびったら負けるさ
朝から深夜まで魂さえもボロボロ
もう俺も知らない手前らが正しい

## 038

# 마감
締め切り

월초에는 널널하다 말일되니 피가말라
다음달꺼 땡겨볼까 고객님은 퇴근했네
회사로 돌아가니 다른놈이 막아주네

月初めには遊んでて月末には血が乾く
来月分を先入れお願いするに客は退勤
会社に戻ったら同僚に庇ってもらった

# 메일
メール

견적서 달라한다 최대한 빨리써라

지난번 보낸거에 숫자만 바꿔넣자

어이쿠 이럴수가 첨부를 잘못했네


見積書だせと言われた早く書きなさい

この前送った物に数字だけ入れ替えて

あらまあ大変なことだ添付を間違えた

# 메일 보내기 전에 두 번 읽어 봐라

당신이 사무직이라면 회사에서 메일을 읽고 쓰는 시간이 많을 것이다. 메일의 장점은 정보와 의견을 여러 사람에게 동시에 빠르게 전파할 수 있고, 관련된 자료를 첨부로 보낼 수 있다는 것이다.

메일은 일을 해결하는 데 매우 유용한 도구이다. 메일은 과거에 보내거나 받았던 메일에 이어서 쓸 수 있기 때문에 어떤 내용이 어떻게 진행되어 왔는지 이력을 알 수 있다. 목적과 내용이 불분명하고 책임 소재가 애매하게 배포된 메일은, 읽히지 않고 지워지는 경우도 있다.

메일은 신중하게 처리하지 않으면 작성자가 곤경

에 빠지게 된다. 메일의 내용이 잘못되었거나 메일을 받지 말아야 할 사람에게 보낸 것을 나중에 알아도 상대방이 읽은 후에는 취소가 안 된다.

메일을 보내기 전에 반드시 내용과 수신자를 다시 확인해라. 발송 버튼을 누르고 나면 돌이킬 수 없다. 아무리 빨리 발송 취소를 해도 성격 급한 사람들은 이미 다 봤다.

특히 상사나 다른 부서에 보내는 메일은 읽는 사람의 입장에서 다시 확인해라. 이해하기 쉽도록 설명이 되었는지, 맞춤법 틀린 것은 없는지, 숫자에 오류는 없는지, 첨부자료가 제대로 들어 있는지, 보내기 버튼을 누르기 전에 다시 확인해라.

메일은 보낸 사람의 실력과 성격을 보여 준다. 견적서와 같이 중요하고 돌이킬 수 없는 자료를 보낼 때에는 보내기 전에 반드시 종이로 출력해서 숫자와 날짜, 결제조건 등이 제대로 작성되었는지 눈으로 보고 확인을 해라. 노트북의 모니터에서는 아무 문제가 없는 듯이 보인다. 그런데 실제로 종이로 출력해서 보면 오류가 발견되는 귀신이 곡할 노릇이 생긴다. 회사 밖으로 보내는 메일은 반드시 보내기 버튼을 누르기 전에 내용과 유첨을 다시 봐라.

1. 수신자는 꼭 필요한 인원만 지정해라. 메일의 내용과 상관이 없는 사람에게 대량살포하지 마라.

2. 내용을 장황하게 쓰지 말고 요점만 간단하게, 결론을 쉽게 이해할 수 있도록 써라. 메일의 본문에 목적과 내용이 무엇인지 써라.

3. 맞춤법 틀리지 마라. 없어보인다.

4. 당신이 허비한 시간을 다른 사람이 단축하게 하지 마라. 당장 달라고 하지 마라. 오늘까지 달라고 하지 마라.

5. '누구누구의 지시로~' 이런 말 쓰지 마라.

# 고학력 인재1
### 高学歴の人材1

박사출신 데려와서 일잘하나 맡겨보니
콧대높고 말만많고 결과물은 별거없네
숙이는법 알리없는 고학력자 어디쓸꼬


博士出身連れてきて仕事できるか任せてみたら
高飛車でおしゃべりで結果は大したことないね
下げ方の知らない高学歴も人間はどこに使うの

# 고학력 인재2
## 高学歴の人材2

안해본일 못하겠다 내가이걸 왜하느냐
니가뭔데 지시하냐 내학벌이 훨씬높다
학사출신 무시하다 실력으로 개밟히네


やったことないしなんでこれをやるんだ
だれに指示するのか学閥がはるかに高い
学士出身の人を無視して実力で踏まれる

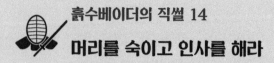

## 흙수베이더의 직썰 14
# 머리를 숙이고 인사를 해라

당신의 첫인상은 인사하는 모습에서 결정된다. 상대방을 존중하는 마음으로 머리와 허리를 충분히 숙여서 천천히 인사를 하면 된다. 당신이 회사에 다니지 않더라도 인사하는 방법을 잘 배우면 사회생활에 많은 도움이 된다.

아침에 회사에 출근해서 마주치는 동료나 부하, 상사와 인사할 때 "안녕하십니까?" 혹은 "좋은 아침입니다."라고 소리를 내서 인사한다.

매일 만나는 사이라고 해서 인사를 하지 않는 것은 좋지 못한 태도이다. 아침에 마주치지 않았다고 인사를 하지 않는 것보다는, 일부러 가까이 가서 인사를 하는 것이 좋다.

고객과 인사할 때에는 주머니에서 손을 빼고 상체를 30도에서 45도 정도 숙여서 인사한다. 우리회사 사람을 고객에게 먼저 소개하고, 우리회사의 사람 중에서 지위가 높은 순서로 고객에게 소개한다.

회사 안에서 복도를 걷거나 사내식당에서 동료나 선배와 마주칠 때는 목례를 한다.

퇴근할 때에도 "먼저 퇴근하겠습니다." 하고 인사를 한다. 인사는 아무리 자주 해도 나쁘지 않다.

사무실이나 회의실에 앉아 있을 때, 인사할 대상이 들어오면 자리에서 일어나 인사를 한다. 같이 앉아 있는 사람 중에서 인사할 대상보다 지위가 높은 분이 앉아 계신 경우에는 일어서지 않고 앉아서 인사를 한다.

인사를 하지 않는 부하나 동료에게 왜 인사를 안 하느냐고 따지거나 억지로 인사를 시키지 마라. 회사에 오래 있지 못하거나 마음이 떠난 사람이다.

# 임원이 안 된 부장1
## 役員外れた部長1

김밥먹다 체했느냐 얼굴색이 똥색이다
건드리면 화를내니 말도같이 못섞겠네
희망퇴직 연락받고 갈곳없어 방황하네


のり巻き食べて当たりか顔色悪いぞ
触れるだけで怒ると相手に出来るか
リストラされて行く場所なくて呆然

# 임원이 안 된 부장2

役員外れた部長2

윤리적인 잣대로는 너보다는 내가낫다
석사박사 출신보다 실무경험 풍부하다
열받아서 휴가내니 갈곳없어 방황하네


倫理的には貴様より俺様の方ががましだ
インテリなんかより現場の経験も深いぞ
頭来て休暇取ったら行く場所なくて呆然

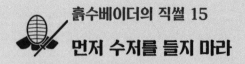

# 먼저 수저를 들지 마라

축구, 야구, 농구, 수영, 검도, UFC 등 거의 모든 스포츠는 심판이 호각을 불어야 시합이 시작된다. 심판이 호각을 불기 전에 먼저 경기를 시작하면 반칙이다. 관객으로부터 매너가 없다는 야유를 듣게 된다.

식사할 때도 마찬가지다. 아무리 배가 고파도 먼저 수저를 들지 마라. 심판이 호각을 불면 수저를 들어라. 그 자리의 심판이 누구인지는 쉽게 알 수 있을 것이다.

집에서 부모님과 식사를 할 때 부모님보다 먼저 수저를 들지 마라. 당신의 자녀와 같이 밥을 먹을 때 자녀가 수저를 먼저 들면 제지해라.

수저를 먼저 들고 나중에 드는 것처럼 별것 아닌

것 같은 기본적인 예절이 상대방을 감동시키기도 하고 실망시키기도 한다. 모 회장이 그룹 소속 프로야구팀 감독과 훈련캠프에서 식사를 하였다. 회장은 감독이 수저를 드는 것을 기다렸다고 한다. 감독은 "한국 사회에서 일정 이상의 지위를 가진 사람 중에 이 정도의 예의를 갖춘 사람이 별로 없었다."라고 본인의 책에 썼다.

프로야구팀 감독이면 임원급이라서 회장보다 서열이 낮다. 회장은 왜 지위가 낮은 감독이 먼저 수저를 드는 것을 기다렸을까? 회사에서의 지위는 회장이 더 높지만, 훈련캠프에서 가장 중요한 사람인 감독을 배려하는 마음이 있었을 것이다.

집에서 충분한 훈련 없이 사회에 나온 사람은 고객이나 상사나 동료와 밥을 먹을 때 아무렇지도 않게 먼저 수저를 든다.

수저를 드는 매너는 가정교육의 영역이다. 당신 대신 누가 욕을 먹게 될지 생각해 보고 수저를 들어라.

# 구조조정1
## リストラ1

담배한대 피러가자 옥상으로 올라가니
삼삼오오 모여서서 이런저런 소식듣네
안보이던 김부장은 지난달에 짤렸다네


煙草吸いに行こう屋上に行ったら
三三五五話し会っていろいろ聞く
暫く見えなかった金部長は先月首

# 구조조정2
## リストラ2

능력없고 나이많고 줄없으면 대상인데
설마하니 내가될까 방심하다 대상됐네
이리추운 겨울날에 무얼묵고 살아갈꼬


能力無し年寄り引き無いと対象
まさか俺もか油断したら対象に
こんな寒い時期でどう生き残る

# 지방발령
地方発令

아이들과 인사하고 짐을싸서 출발하니
객지라서 추운건가 쓸쓸하고 울적하네
이불펴고 누웠더니 배고파서 잠안오네

子供と挨拶して荷を積んで離れて
他郷で寒いなのか寂しくて悲しい
布団嚙んで寝ると腹へって眠れぬ

## 047

# 로또
ロット

오늘도 우울하다 로또나 사러가자
일등되면 사표낸다 퇴직금은 회식해라
혹시나 맞춰보니 출근은 해야겠다


今日もメランコリーロットでも買おう
当ったら辞表出す退職金は会食を奢る
もしやと合わせて見たが出勤はしよう

# 스스로 인재라고 착각하는 당신에게

당신은 인재인가? 인재가 확실하다. 아래 범주에서 골라 봐라.

1. 人財 : 돈을 벌어 오는 사람 (0~1%)

2. 人材 : 일은 하고 있는 사람 (20~30%)

3. 人在 : 숨은 쉬고 있는 사람 (70~80%)

4. 人災 : 재앙 그 자체인 사람 (0~1%)

당신을 포함한 대부분의 사람은 人材나 人在일 것이다. 비슷한 사람끼리 서로 너무 많은 기대는 하지 말자. 상대방이 부족하다 생각하지도 말자. 당신도 상대방에게 부족한 사람이다.

회사에서 당신을 육성하는 이상적인 목표는 人財를 만드는 것이다. 하지만 당신이 꼭 人財가 된다는 보장은 없다. 극소수의 人災도 필요하다. 조직 안에서 누군가는 실수나 실패를 해야 다른 사람이 보고 배울 수 있다. 조직의 예방주사 역할을 人災가 한다.

또 어느 팀에서는 人災였는데, 다른 팀으로 가서 人財가 되는 사람도 있다. (반대의 경우도 있다.) 회사에 필요없는 사람은 없다. 사람을 알아보지 못하고 기회를 주지 않는 조직이 있을 뿐이다.

회사에서 나에게 人財가 될 기회를 안 준다고? 기회를 줘도 생각이나 태도를 바꾸지 않고 人材나 人在의 상태를 고집하지 않았나 생각해 보자.

왜 피곤하게 인재(人財)가 되어야 하냐고? 어떤 인재로 살지는 당신의 선택이다. 다만, 회사는 돈을 벌어 오는 사람에게 돈을 많이 준다.

## 048

# 송별회
送別会

그동안 고마웠다 나없이도 잘해봐라
서운하게 생각마라 니네들도 머지않다
너없이도 문제없다 인수인계 똑바로해


今まで有難う俺なしで上手くやってみな
残念だと思うな君らにも遠からぬ将来さ
お前無しで問題ね受け渡しきちんとしな

## 049
# 퇴사
退社

오랫동안 기다렸다 오늘이 마지막날
동료들과 인사하고 사원증을 반납하니
어쩐지 이해된다 시원섭섭 그한마디

長い間待ってた今日が最後の日
同僚達と挨拶して社員証返却し
何とか分かる事さっぱり寂しい

# 재입사

再入社

어색해도 할수없다 오랜만에 만난동료
쪽팔려도 할수없다 식구들은 먹여야지
어이쿠야 이럴수가 시스템이 그대로네


気まずくても仕方が無い久々出会った同僚
肩身が狭いが仕方が無い家族養わなくちゃ
あららこんなことがシステムが昔そのまま

# 사내설문
## 社内設問

소요시간 삼분이라 설문시작 늘렀더니

질문이 너무많아 삼번으로 통일하네

주관식은 내지마라 점하나만 찍어뿐다


所要時間三分たって設問スタート押したら

質問が有り過ぎ全部三番に統一してしまう

選多型じゃないと困るんだ点一つで終わり

# 이런 상황이면 이직해라

당신이 이직을 생각해야 하는 상황은 다음과 같다.


1. 본인의 의사와 상관없이 다른 부서로 이동시킬 때
2. 불법이나 부정에 대한 동참을 요구받았을 때
3. 동일 혹은 유사 업종에서 현재보다 월등한 조건으로 스카우트 제의가 왔을 때


당신이 이직에 실패하는 상황은 다음과 같다.


1. 일이 힘들고 지겨워서 하기 싫을 때
2. 상사나 동료와 마찰이 발생하여 화를 참지 못할 때
3. 당장 불러 주는 회사는 없지만 쉬다 보면 직장을 구

이직을 하기 위해서는 먼저 당신 스스로 '어떤 일을 하더라도 밥값은 할 수 있다'는 자신감이 있어야한다. 자신감이 없다면 실력을 키운 다음에 생각해라. 지금 하고 있는 일을 잘하지 못하면서 다른 일을찾는 것은 도피이다.

회사와 업종을 동시에 바꾸는 것은 도박에 가깝다. 다른 회사를 가지 않더라도 회사 안에서 당신의 적성에 맞고 하고 싶은 일을 할 수 있는 부서가 있다.

회사나 부서를 옮길 때의 철칙은 마무리를 잘하는것이다. 후임자에게 당신이 가지고 있는 모든 지식과경험(Know How, Know Who, Know Where)을 정리해서인수인계해라. 해결해야 할 문제가 남아 있는 일은떠나기 전에 종결해라. 종결이 안 된다면 어떤 문제가 있고 어떻게 해결해야 하는지 후임자에게 알려 주고 양해를 구해야 한다. 떠나는 사람이 지켜야 할 최소한의 예의를 지켜라.

# 말이 많은 동료
口うるさい仲間

내가말한 주식사라 일년만에 새차샀다
어느술집 물좋더라 어젯밤은 잘놀았다
누가어디 간다더라 정확도는 십오프로

私が言った株を買いな一年後でに新車買えるぞ
あっちの居酒屋の女の子可愛い昨夜は熱かった
誰が他の部署に移るって正確度は15%行かない

# 단체 카톡방

グループチャット

오밤중도 주말에도 일시키기 편하구나

이놈저놈 아무때나 이거해라 저거했냐

카톡봤지 한마디에 난몰랐다 할수없네


深夜にも週末にも気軽に仕事指示が出来

誰でも何時でもこれやれあれやった聞く

チャット見た一語で知らん振り出来ない

# 동료에게 할 말 못할 말 다 하지 마라

회사에서 아무 말이나 하지 마라. 동료와 친해지려고 당신의 연애사, 주식, 새 차 자랑, 원나잇(?) 자랑을 떠들지 마라. 당신이 내뱉은 말이 당신의 평판을 갉아먹는 불개미가 되어 돌아온다.

입이 가려우면 청양고추를 씹어라. 눈물이 날 정도로 맵고 쓴 맛을 보기 싫으면 입을 닫아라. 회사의 선배, 후배, 동료와 밥을 먹거나 커피를 마실 때, 혹은 같이 담배를 피울 때에도 조심해라.

종교, 정치, 연봉, 회사에 대한 루머, 타인의 약점, 상사의 욕, 파벌 나누기, 자기 자랑, 사적인 비밀 등은 말하지 마라. 당신 동료가 이런 말을 하면 슬쩍 자리를 피해라. 당신도 같이 말한 공범이 된다. 편한 친구가 술자리에서 이런 말을 하면 "이제 그만 닥치고 술이나 드세요." 하고 끊어라.

당신이 일을 잘해서 큰 성과를 냈다고 치자. 당신 입으로 자랑을 하지 마라. 이미 모두가 알고 있는 것을 다시 확인시킬 필요는 없다. 당신의 상사가 많이 먹고 운동을 안 해서 배가 산만 하게 나왔어도 "요즘 너무 살찐 것 아닌가요? 건강을 위해서 살을 빼면 어떨까요?"라는 말도 하지 마라. 당신 상사도 자신의 배가 점점 불러오고 있다는 것을 잘 알고 있다.

다른 사람의 약점에 소금을 뿌리면 안 된다. "요즘 집사람이 바람을 피운다. 이혼을 요구한다." 같은 지극히 개인적인 내용도 회사에서 공개할 필요는 없다. 아무도 당신을 불쌍하게 생각하지 않는다. 오히려 '가정을 잘 꾸리지 못해서 곧 이혼당할 사람'이 된다.

신(神) 말고 완전히 믿을 수 있는 존재는 없다.

# 사내공모
## 社內公募

전문성과 열정있는 여러분을 기다린다
누구에도 공개안해 걱정말고 지원해라
그말믿고 지원했다 연말고과 낙폭크네


専門性と情熱の有る皆さんを待ってます
誰にも公開しない心配なく支援しなさい
それ信じて支援したが考課落し大き過ぎ

# 해외발령
海外発令

사내공모 믿지마라 갈놈들은 정해졌다
가는놈은 신나는데 돌아올놈 괴롭구나
이인간이 돌았구나 페북에다 노는사진


社内公募信じるな行く人はもう決められた
内定の人間は楽しむが戻る人間は苦しいね
コイツいかれたのかフェブックに遊び写真

123

# 출장 가기 전에 준비해야 할 10가지

고객과 만나기 위해서 회사 밖으로 움직이는 것을 출장이라고 한다. 해외출장은 1번부터, 국내출장은 4번부터 보면 된다.

1. 여권 만료일이 얼마 남았는지 확인해라.

2. 해당 국가의 VISA 만료일이 얼마 남았는지 확인해라. 이것을 확인 안 해서 출국 못 하고 인천공항에서 돌아오는 사람이 기끔 있다.

3. 현지 화폐를 미리 준비해라. 공항에서 환전하는 것보다 주거래은행에서 환전하는 것이 유리하다. 귀국 시 외국 돈이 남은 경우 원화로 바꾸는 것은 손

해다. 남겨두면 다시 쓸 날이 생긴다.

4. 출장 날짜별 시간, 고객, 목적지, 이동 방법, 참석
자, 회의 내용 등을 한눈에 볼 수 있는 일정표를 만
들어라. 출발 전에 출장일정표를 미리 보고해라.

5. 회의자료를 노트북으로 Presentation을 하더라도
참석자의 숫자에 맞춰서 종이로 출력해서 가져 가
라. 현지에서 어떤 일이 발생할지 아무도 모른다.

6. 고객의 예상 질문에 대해서 숫자로 답변할 수 있도
록 자료를 준비해라.

7. 당신의 파트너와 사전에 협의를 마친 후, 출장에서
는 상위자(상사)끼리 의사결정만 하도록 만들어라.

8. 명함은 통째로 가져 가라. 몇 명을 만날지 모른다.

9. 여행가방에 셔츠, 속옷, 양말, 계절에 따라서 반팔,
반바지를 챙겨서 넣어라. 입은 옷과 입지 않은 옷의
구분을 위해서 비닐봉지를 넣어라.

10. 볼펜은 항상 휴대해라. 비행기에서 출입국카드를
작성할 때 편리하고, 기억해야 할 것을 메모할 때
꼭 필요하다. 위급상황에서 무기로 쓸 수도 있다.

## 056

# 해외출장
### 海外出張

나갈때는 신나는데 돌아올땐 피곤하네
한일도 없으면서 무얼했다 보고할꼬
노트북을 열어보니 쌓인메일 끝이없네


行く時は楽しむけど戻る時は疲れる
実績も無いのに報告書はどうしよう
パソコン開いたら積もったメイル山

## 057

# 비행기 좋은 좌석

### 飛行機で良い座席

이코노미 젤편한곳 비상구옆 탈출보조
다리뻗고 신문보니 비지니스 안부럽네
마주앉은 여승무원 시선둘곳 애매하네


エコノミで一番楽非常口側脱出補助
両足伸ばして新聞見りゃビジネスか
向合て座ったスッチ様と視線が曖昧

# 일본어
日本語

히라가나 외웠으면 이미반은 성공했네

순서가 똑같으니 머리는 덜아프네

너를배워 쓸만할땐 카라오케 뿐이더라


ひらがな覚えたら半分は成功した

言葉の順番が同じで頭は痛くない

役立ったのはカラオケ行く時だけ

# 중국어

中国語

중국출장 갈때마다 공부하리 다짐했네

성조는 무시하고 단어라도 외워보자

너를배워 쓸만할땐 케이티비 뿐이더라


出張に行く度に必ず学ぶと念を押し

声調は無視して単語でも覚えようと

役に立ったのはカラオケ行く時だけ

# 출장 가서 주의해야 할 10가지

당신이 고객과 미팅을 하기 위해서 회사 동료와 함께 움직일 때 조심해야 할 것이 있다.

1. 당신이 차량을 운전할 때, 상석은 2열 오른쪽이고 다음은 1열 오른쪽이다. 당신과 상사 두 명이 이동할 때는, 1열 오른쪽에 상사가 앉는 경우도 있다.

   운전기사(혹은 택시)가 있는 경우에 상석은 2열 오른쪽, 다음은 2열 왼쪽이다. 2열에 3명이 앉아야 할 경우에는 1열 오른쪽이 상석이 된다. 상사가 직접 운전하는 경우에 상석은 1열 오른쪽이다. 1열 오른쪽을 비우고 2열 오른쪽에 앉으면 실례이다.

2. 비행기나 기차는 윗사람이 먼저 타고 먼저 내린다. 좌석은 앞쪽, 오른쪽이 상석이다.

3. 상사와 같은 비행기를 타고 갈 때, 상사와 좌석 위치가 너무 많이 떨어져 있으면 착륙 후 입국심사에서 시간과 거리 차이가 많이 벌어질 수 있다. 당신이 상사를 기다리게 하지 않으려면 항공권 발권 시 최대한 앞쪽으로 좌석을 잡는다. 상사가 Business석이고 당신은 Economy석인 경우에는 Economy석의 가장 앞쪽 자리를 잡는다. A항공사는 10C, 10D, K항공사는 28C, 28D가 좋다. 타고 내리기가 편리하고 입국과 출국 시간을 절약할 수 있다. 앞이 Business석과의 벽이라서 공간이 넓다. 앞 사람이 좌석을 뒤로 젖혀서 무릎이 닿는 경우가 없다. 비행기가 불시착했을 때 빨리 빠져나갈 수 있다.

4. 동료나 상사와 같이 지방이나 해외에 출장을 가서 호텔에서 묵을 경우, 체크인(Check-in)할 때 반드시 방 번호를 적어 놓는다. 필요할 때 연락을 해야 한다.

5. 동료나 상사와 만나기로 한 시간보다 5분 전에 약속한 장소에 미리 나와야 한다. 호텔에서 아침식사를 같이 하기 위해서 시간 약속을 했을 때와 체크아웃(Check-out)을 하고 같이 나가기로 했을 때, 시간을 꼭 지켜야 한다. 체크아웃은 대기하는 사람이 많을 경우 시간이 지연되기 때문에 약속한 시간보다 10~20분 먼저 나와서 준비해야 한다. 당신의 상사가 기다리는 것을 싫어하는 사람이라면, 당신이 약속한 시간에 나와 있지 않으면 혼자서 먼저 목적지로 출발할 수도 있다.

6. 호텔에서 숙박을 끝내고 짐을 싸서 나올 때에는 잊어버리고 온 물건(여권, 시계, 휴대폰, 충전기, 지갑, 서류 등)이 없는지 다시 한 번 방 전체를 확인해라.

7. 호텔은 집보다 건조하다. 호흡기관이 민감한 사람은 쉽게 코가 막히거나 감기에 걸린다. 자기 전에 수건을 물에 적셔서 침대 머리맡에 걸어 놓으면 훌륭한 가습기가 된다.

8. 비에 옷이 젖어서 말릴 때는 샤워실의 불을 켜고 전등과 가까운 곳에 옷걸이를 이용해서 걸어 놓으면 다음날 아침에 뽀송하게 건조가 된다.

9. 같은 방에서 2박 이상 묵을 경우, 'Please make up Room' 표지판을 밖에 걸어 놓지 않는다. 다른 사람에게 지금 방에 사람이 아무도 없다는 것을 광고하는 것과 같다. 표지판을 걸어 놓지 않아도 호텔에서 당신의 방을 치워 준다.

10. 밖에 나갈 때는 호텔의 명함을 꼭 들고 나가라. 길을 잃었거나 택시를 타고 돌아올 때 필요하다.

# 네고1
### 値引き1

김부장 왜이러냐 힘들지만 도와주소
버틴다고 니돈되냐 우리같이 살아보자
다시한번 물어보마 실망시킴 아웃이다


金部長如何した厳しいが協力してくれ
突っ張って如何するいい加減で合意せ
もう一度聞くけどダメならアウトだぞ

# 네고2

값引き2

깎아야 산다지만 입장바꿔 생각해봐
깎는다고 니돈되냐 이번분긴 넘어가자
제아무리 협박해도 결정권은 내게없다


値下げは要るけど立場変えて考えてみな
値下げで君が儲かるか今度はパスしよう
幾ら脅かしても俺一人で決められないぞ

# 고객이 피우는 담배를 피워라

상대방을 배려하는 마음으로 준비하고 만나라. 배려가 뭐냐고? '상대방이 나라면 어떤 기분일까?'를 생각하면 된다.

당신이 여름에 땀을 많이 흘린다면, 와이셔츠를 한 벌 더 준비해서 고객과 만나기 전에 갈아 입어라. 당신의 입냄새가 향기롭지 않다면, 치약과 칫솔을 가지고 가서 고객과 만나기 전에 양치질을 한 번 더 해라. 당신과 자주 만나는 고객이 담배를 피우지 않는다면, 당신의 담배 냄새가 상당히 불쾌하게 느껴질 수도 있기 때문에 미팅 전에는 담배를 좀 자제해라. 당신의 고객이 담배를 피운다면, 고객이 좋아하는 종류의 담배를 준비해라. 상대방은 당신이 배려한다고 생각할 것이다.

배려의 기본은 '상대방의 입장에서 미리 생각하는 마음'이다. 식사 자리에 참석하는 고객의 취향을 미리 파악해라. 마룻바닥에 앉는 것을 불편해하는 고객이 있는지, 고기를 구울 때 옷에 냄새가 배는 것을 싫어하는 고객이 있는지, 생선회를 못 드시는 고객이 있는지 미리 확인해라.

고객의 비서나 운전기사를 통해서 취향을 미리 파악해라. 참석하는 고객을 만족시킬 수 있는 장소로 예약해라. 식당 위치는 반드시 사전에 답사하고, 이동에 걸리는 시간과 동선을 미리 확인해라. 식사 장소가 갑자기 바뀌는 경우도 많다. 변경에 대비해서 식당 한 곳을 더 예약해라. 당신의 고객과 상사는 여러가지 돌발상황에 대비한 당신을 높이 평가하게 될 것이다.

# 혁신1
革新 1

쓸데없는 일줄여서 부가가치 만들어라

불필요한 움직임을 돈이되는 일로해라

분단위로 업무분석 이거하다 날이새네

無駄を無くして付加価値造ろう

入らない動きを金になる働きに

分単位の業務分析これだけ一日

# 혁신2
革新2

하라는데 왜안했냐 담달까지 바꿔놔라
말안들면 일러뿐다 니네팀이 꼴등이다
진심으로 궁금한데 혁신팀은 뭐하는팀


やれって言ったはず来月まで終わらせ
聞かないと告げ口するぞお前らびりだ
一つだけ聞くけど革新は何をするもの

# 한 번에 많이 만들지 말고 팔리는 것만 만들자

회전초밥집을 생각해 보자. 테이블에 앉으면 컨베이어벨트 위로 참치, 연어, 광어, 날치알, 성게 등 종류가 다른 초밥들이 흘러간다. 주방장이 여러 종류를 만들기 귀찮아서 날치알만 100개, 광어만 200개 연달아 만들어서 올리는 경우는 없다.

왜 주방장은 한 가지 종류의 초밥만 만들지 않고 여러 가지 종류의 초밥을 만들까? 심심해서? 아니다. 손님이 같은 종류의 초밥만 계속 먹지 않기 때문이다.

만드는 사람이 팔리지도 않는 제품을 한번에 많이 만들면 재고가 쌓인다. 고객이 원하는 제품을 제때 만들어내지 못하면 불만이 쌓인다.

당신의 식탁에 오르는 메뉴를 생각해 보자.

만약 당신의 아내나 어머니가 한 달 내내 곰탕만 만든다면 어떤 문제가 생길까? 당신은 한 달 내내 똑같은 메뉴로 힘들게 식사를 할 것이다. 그러다 어느 한계를 넘어서면 집에서 밥을 먹지 않고 다른 데 가서 식사하게 될 것이다. (그렇다고 집을 나가지는 마라.)

만약 대한민국의 모든 가정에서 한 달 동안 곰탕만 만든다면 어떤 문제가 생길까? 시장과 슈퍼에서는 곰탕에 들어가는 재료만 팔리게 될 것이다. 수요보다 공급이 부족해진 소뼈는 가격이 올라서 1kg에 10만 원이 될 수도 있다. 반대로 생선이나 계란 등 곰탕을 만들 때 필요하지 않은 재료는 팔리지 않아서 농·축·수산업과 유통업계에 큰 혼란이 올 것이다.

다행히도 당신의 아내와 어머니는 현명하기 때문에 이런 혼란을 만들지 않는다. (아니라면 미안하다.)

어디에서나 과잉생산(팔리지 않는 것을 만드는 것)은 가장 큰 낭비이다.

올해는 정말로 상황이 어렵다오
살아남기 위해서는 죽을힘을 다합시다
그런데 회장님은 매년연봉 오르네요


今年は非常に状況が厳しい
生き残る為に死力を尽くぞ
で会長は毎年年収上がるの

# CEO 신년인사2
## 会長の新年挨拶 2

변화와 혁신으로 일등기업 만듭시다

정직경영 실천하여 고객신뢰 얻읍시다

그런데 회장님은 구치소로 가시네요


変化と革新で一等企業作り

正直経営実践して顧客信頼

で会長は刑務所行きですか

# 사내식당1
## 社内食堂 1

월요일은 김치찌개 화요일은 두부찌개

수요일은 참치찌개 목요일은 섞어찌개

메뉴는 다르지만 국물맛은 똑같구나


月曜はキムチチゲ火曜は豆腐チゲ

水曜はツナチゲ木曜は混合せチゲ

日替わりメニュだが味付けは同じ

# 사내식당2

社内食堂2

비닐껍질 씹히는데 머리칼은 애교구나

철수세미 보이지만 철분이라 생각하세

조미료로 착각했나 생강차맛 콩나물국


ビニールも噛まれる髪の毛は付き物

鉄の束子も見えるが鉄分だと考えよ

ショウガ茶味の調味料入りもやし汁

# 주말 회사 등산1

週末会社の山登り1

갑자기 산을타니 숨이차서 쓰러질듯

올라갈때 영혼나가 내려올때 무릎나가

등산시간 두시간반 회식시간 열시간반


急に山登りしたら息が切れそう

登る時魂抜け降るときひざぬけ

登山時間二時間半会食十時間半

# 주말 회사 등산2
## 週末会社の山登り2

지난달은 관악산 이번달은 청계산

산에까지 와서도 대장노릇 하구싶냐

삼차갔다 집에오니 아니벌써 밤열두시


先月は冠岳山へ今月は淸溪山へ

山まで来て隊長の真似したいか

三次が終ると間もなく夜十二時

# 블라인드의 회사평을 믿지 마라

회사는 창립자 혹은 회사의 구성원들이 만든 경영철학을 가지고 있다. 경영철학은 회사의 창업에서부터 현재까지의 사업 경험과 경영자의 생각과 시장의 환경이 접목되어 계승, 발전되어 온 회사 고유의 사상을 말한다.

경영철학은 회사의 구성원이 지키고 실천해야 할 사고와 행동의 기반이 된다. 또한 구성원에 대한 평가의 기준이 되기 때문에 회사에서 일을 하기 위해서는 먼저 그 회사의 경영철학에 대한 이해가 필요하다.

그런데 회사에서 하는 일이 그 회사의 경영철학대로 목표가 세워지고 실행이 추진되는 것은 아니다.

대부분의 회사는 경영철학보다는 조직의 단기적인 목표나 경영자 혹은 의사결정자의 의견대로 일이 진행된다. 어느 회사에 대해서 알고 싶다면 홈페이지에 있는 경영철학보다는 그 회사에서 일하는 구성원들의 얼굴 표정과 걸어가는 자세를 보는 것이 낫다. 관심 있는 회사의 출퇴근 시간에 맞춰 지나가는 구성원을 관찰해 보면 된다. 아는 사람을 통해서 그 회사에서 근무하고 있는 직원을 만나볼 수도 있다. 그 회사가 무슨 일을 어떤 방법으로 하고 있고, 임직원들의 사기나 분위기는 어떤지 대략 알 수 있다.

아무것도 모르는 상태에서 입사가 결정되었다고 다니는 것보다는 가능한 한 여러 정보를 미리 습득하고 나서 결정하는 것이 그 회사에서 더 오랫동안 일할 수 있는 방법이다. 블라인드에 써 있는 회사평은 믿지 마라.

## 떠드는 아저씨

騒ぐオヤジ

회사가 지집인가 하루종일 입을터네

아줌마 만난일을 나한테 왜말하냐

팀장이 들어오니 느닷없이 일이야기



会社が自分の家なのか一日中口を叩くんだ

女の子に会ったことをどうして俺に言うの

急にチーム長が入ってくると突然仕事の話

# 떠드는 아줌마
騒ぐおばさん

회사가 지집인가 하루종일 입을터네
댁네아이 학원일을 나한테 왜말하냐
댁이어제 뭐했는지 몰랐는데 알게됐다


会社が自分の家なのか一日中口を叩くんだ
自分の子供の塾の事をどうして俺に言うの
君が昨日何をしたのか分かるようになった

## 072

# 사내 연애
### 社内恋愛

소문나면 어찌할까 생각보다 스릴있네

이동거리 가까우니 보고플때 자주보네

비밀리에 만났는데 헤어지니 민망하네


噂になったらどうしようかとスリルがあるね

移動距離が近いから会いたい時によく会える

秘密に会ったはずなのに別れると恥ずかしい

# 사내 결혼
社内結婚

급여계좌 경비계좌 비상금이 다털렸네
알기힘든 사내소식 나보다도 빠르구나
여직원과 밥먹어도 실시간에 보고되네


給与口座警備口座へそくりが全部盗まれた
わかりにくいしゃないの情報私より早いね
女性職員とご飯リアルタイムで報告される

# 청첩장
招待状

노처녀 책상위에 이런거 놓지마라
훈남만나 좋겠구나 니만가면 나는뭐냐
쌓여가는 청첩장은 남의애를 끊는구나


売れ残りの机の上にこんな物置くな
いい男と会っていいな私はなにもの
積もる招待状は断腸の思いがすんだ

## 075

# 블라인드
### ブラインド

업무관련 궁금한건 동료한테 물어봐라
누가무슨 말했는지 인사에서 관리하네
뭐라하면 틀딱타령 편갈라서 물어뜯네

業務関連の気になることは同僚に聞いてみな
誰が何を言ったのか人事部署で管理するんだ
何を言っても世代間と分かれて噛みちぎるね

# 스피크업
## スピークアップ

잘못된건 숨기지마 용기내어 말해봐라

깨지는게 두려우니 혼날까봐 말못하네

용감하게 오픈하니 붙들려가 고문받네


失敗した事は隠さないで勇気を出して言ってくれ

叱られるの怖いし怒られるかと思って言えないね

勇気を出して言ったら結局捕まえて拷問を受ける

# 음주운전
飲酒運転

맨정신엔 안하지만 술마시면 용기나네
대리운전 비용보다 삼백배가 더나오네
걸린것도 괴롭지만 마님얼굴 어찌볼꼬


素面ではしないが酒飲むと勇気出す
代行運転費用より三百倍も払わせる
捕まれたのも辛いが奥様顔如何見る

# 회사에서 하지 말아야 할 이상한 짓10

1. 회사 시스템에서 퇴직금이 얼마인지 자주 찾아보지 마라. 퇴직 의사가 있는 것으로 간주된다.

2. 이성 동료에게 이상한 사진 보여 주지 마라. 성희롱 은 1스트라이크 아웃이다.

3. 회사가 동물의 왕국이라 해도 바람은 피우지 마라.

4. 출근 태깅하고 커피 마시러 가지 마라. 아침에 태깅 이 두 번 되는 것을 인사팀에서 이상하게 생각하지 않을 것 같나?

5. 웬만하면 사내 연애 하지 마라. 사내 연애의 결과가 좋지 않을 경우에는 온갖 루머에 시달리게 되며, 두 사람 모두 계속 회사에서 일하는 것이 힘들어진다.

6. 웬만하면 회사 사람과 결혼하지 마라. 당신의 일거수일투족은 당신과 결혼한 분의 사내프락치에게 마킹되어 실시간 보고된다. 어디서 누구와 대화를 하고 커피를 마셨는지 30분 내에 보고된다. 경비계좌로 들어오는 출장비, 휴양시설 지원비, 포상비 등 모든 비상금은 0원이 된다. 아직 결혼 전이라면 다시 한 번 잘 생각해 봐라.

7. 회사에서 아이 학원 원장과 상담하지 마라.

8. 책상 위에 프라모델이나 피규어 올려놓지 마라. 아이돌 사진 붙이지 마라. 레고 올려놓는 사람도 봤는데 별로 귀여워 보이지 않는다.

9. 폰 보면서 복도 걷지 마라. 복도는 당신 혼자만의 것이 아니다. (폰 보면서 운전하지 마라. 차선은 당신 혼자만의 것이 아니다.) 그 정도로 중요한 것이면, 한편에 서서 봐라. 아니면 걸리적거리지 말고 빨리 걸어라.

10. 인사하기 싫어서 먼 곳으로 돌아가지 마라. 차라리 앞만 보고 쌩까라.

# 자기계발1
自己啓発1

일만해도 지치는데 자기계발 웬말이냐

점수없음 승진불가 살고싶음 공부해라

고삼때도 안한공부 마흔줄에 용써본다


仕事だけでも疲れるのに自己啓発出来るか

点数ないと昇進不可昇進するなら勉強しろ

高三の時もしなかった勉強四十代で頑張ろ

## 079

# 자기계발2

自己啓発2

일할때는 몰입해서 치열하게 목표달성

퇴근후엔 리프레시 재충전과 자기계발

해볼라고 하였으나 아니벌써 밤열한시


勤務中は集中して激しく目標達成

退勤してからは再充電と自己啓発

するつもりだったが既に夜十一時

## 080

# 자기계발서
### 自己啓発書

안읽으면 큰일난다 너만빼고 다읽었다

이거해라 저거해라 책이나를 지시하네

이책저책 사다보니 책상위가 서점이네


読まないと遅れるぞ君だけ読んでない

あれやれこれやれ何故お前は指示する

あれこれ買ったら机の上か書店見たい

# 사내 인터넷 교육
## 社内ネット教育

교육점수 따야허니 만만한게 사내강의
일단한번 틀어보니 눈꺼풀이 한근이네
다보는건 안되겠다 틀어놓고 딴일하네


点数取るにネット教育が一番楽勝
一応見てみるがまぶたが重すぎる
全視無理でつけっぱなしで別仕事

# 사내 자격증
社内資格証

초기에 시험봐야 합격율이 높다더라

공부자료 필요없다 족보를 보내줘라

시키니까 따겠다만 이건따서 뭐에쓸꼬


初期に試験を受けてこそ合格率高いそうだ

勉強の資料はいらないコツだけ送ってくれ

やらせるから取るけどこれ取って何に使う

# 사외 자격증

社外資格証

노후가 불안하니 자격증에 관심가네

상담사 기능사 관리사 지도사

이것저것 따다보니 수험서만 쌓여가네


老後が不安だから資格証に関心が高まる

職業カウンセラ技能士管理士運動指導士

取ってみると受験書ばかり積もっていく

## 주말에 공부해서 딸 수 있는 자격증 10

당신이 매주 골프를 치지 않는다면 주말에 노는 시간을 이용해서 자격증을 따라. 당신의 기억력이 해가 갈수록 얼마나 떨어지는지 스스로 자각할 수 있고, 치매 예방에도 좋다.

1. 일본어능력시험 1급 : 남자는 1년, 여자는 6개월 걸린다. 한국인이 가장 빠르게 배울 수 있는 외국어는 일본어다. 이제 와서 일본어를 배워서 어디에 쓰냐고? 당신이 가장 많이 본 동영상의 대사가 일본어다.

2. 관광통역안내사 : 어학자격증 빼고 6개월 걸린다. 필기시험은 국사가 제일 어렵다. 경복궁 들어갈 때

166

무료다.

3. CPSM : 1년 걸린다. 영어로 시험을 봐야 해서 독해가 되어야 한다.

4. CPIM : 1년 걸린다. 영어로 시험을 봐야 해서 독해가 되어야 한다.

5. 직업상담사 : 3개월 걸린다. 심리학자 이름 외우기가 쉽지 않다. 당신의 자녀와 상담할 때 도움이 된다.

6. 소비자전문상담사 : 3개월 걸린다. 쉽다.

7. 스포츠경영관리사 : 3개월 걸린다. 쉽다.

8. 스포츠지도사 : 9개월 걸린다. 67시간 연수를 받는 것이 가장 어렵다. 학원을 차리지 않아도 여러가지 일을 할 수 있다.

9. 지게차기능사 : 6개월 걸린다. 실기시험이 쉽지 않아서 연습을 많이 해야 한다. 필기시험은 굴착기기능사 시험과 50% 비슷하다.

10. 굴착기기능사 : 6개월 걸린다. 실기시험이 쉽지 않아서 연습을 많이 해야 한다. 필기시험은 지게차기능사 시험과 50% 비슷하다.

# 건강보조제

健康補助劑

안먹으면 큰일난다 너만빼고 다먹는다

이거저거 먹다보니 약만먹고 배부르네

이약저약 사다보니 책상위가 약국이네


飲まないと大変だ君だけ飲んでない

あれ飲んでこれ飲んで薬だけで満服

あれこれ買ったら机上か薬屋見たい

# 건강검진
健康検診

더이상 안크는키 왜재는지 모르겠다

초음파 골밀도 심전도 위내시경

결과는 언제나 초기비만 식도염


これ以上伸びるか意味知らず背比べ

超音波骨密度心電図測定胃視鏡検査

結果はいつも初期肥満逆流性食道炎

# 사내 피트니스
社内フィットネス

휴가철 다가오니 갑자기 붐비는군
쇠질하는 시간보다 폰보는게 길줄이야
이상한 신음소린 집에서 질러보자


休暇シーズンが近づくと急に混んでるね
運動時間よりスマホを見るのが長いとは
変なうめき声は出すな家で叫んでみよう

## 087

# 검도
剣道

도복을 갈아입고 호구끈을 조여매니
갈수록 힘들구나 한칼만 더따보자
끝나고 쏘맥한잔 천국이 따로없네


道服に着替えて護具紐を結び付ると
やるたびきついもう一太刀浴びせる
終ってからビール一杯これこそ天国

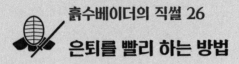

# 은퇴를 빨리 하는 방법

젊을 때 하고 싶은 대로 다 하고 살면 은퇴를 빨리 할 수 있다. 인생 뭐 있냐? 하고 싶은 대로 하고 살아라. 배 나온 사람은 마음이 착하고 편안해 보인다.

운동하지 말고 많이 먹고 마셔라. 걷지 말고 앉거나 누워 있어라. 가까운 거리는 반드시 택시를 타라. 2층 이상 계단으로 올라가지 마라. 담배도 삼십 분마다 뻑뻑 피워라. 음식은 집에서 해 먹지 말고 배달시켜 먹거나 식당에서 사 먹어라. 운이 좋으면 40대가 되기 전에 비만, 고혈압, 고지혈증, 동맥경화, 당뇨, 전립선, 발기부전 등을 겪게 될 것이다.

힘들게 근력운동 하지 마라. 노화에 의한 근육 감

소는 매우 자연스러운 현상이다. 근력운동을 하여 근육이 보전되면 심혈관질환, 당뇨, 암, 우울증, 낙상 등의 예방효과가 있지만 은퇴가 늦어진다. 유산소운동을 하면 심폐기능이 향상되고 혈관확장물질이 생성되어 동맥경화를 감소시키며 낮은 수준의 전신성 염증인 비만을 해결해 주고 혈류량을 증가시켜 알츠하이머 예방에 기여하지만 은퇴가 늦어진다.

빠른 은퇴를 하는 데 가장 방해가 되는 운동은 검도이다.


1. 검도는 근력운동과 심폐운동을 동시에 할 수 있다.
2. 검도는 비만이 생기기 힘든 복장과 도구를 사용한다.
3. 검도는 멘탈을 강화시킨다.


배가 통통하게 나오고 싶으면 절대로 검도를 해서는 안 된다. 잘못 시작해서 검도에 빠지면 당신은 은퇴를 20년 이상 늦추게 될지도 모른다.

# 월급
月給

기다리고 기다리던 이십오일 정기급여
고생시켜 미안한데 수고했단 마님문자
대출이자 카드값에 받자마자 다털리네


首を長くして待ってた毎月二五日給料日
苦労をさせて済まんがお疲れと奥様文字
ローンでカード代で指の間の砂のようだ

# 회식
会食

간만에 모두모여 감자탕에 소주한잔
이런저런 애기하다 결국에는 또한애기
대리비좀 빌려줘라 내일되면 기억할까


久々に皆でカムジャタンに一杯
いろいろ話して結局また同じ話
代行費貸してくれ明日覚えるか

# 새벽 귀가
夜明けの帰宅

편의점서 라면묵고 다섯시에 문을여니
마님께서 깨어나서 방문열고 나오시네
어찌할까 당황하다 다녀올게 인사했네

コンビニでらめん食って朝五時戻ったら
奥様起きまして部屋からお見えになさる
如何する慌てて行って来ますと挨拶する

## 091

# 연말
年末

십이월이 되고나니 매주세번 송년회네
해장국은 의미없다 술깨기전 다시먹네
이러다가 쓰러지면 산재처리 될까싶다


十二月になったら毎週三回は忘年会で
酔い覚ましも効かない醒める前又飲む
こうして倒れたら産業災害になるかな

# 근무조건과 급여가 전부는 아니다

당신이 신입사원이면 회사에서 정한 급여조건에서 다른 신입사원들과 비슷한 급여를 받게 될 것이다. 다른 회사에 다니는 친구들보다 연봉이 적어도 억울해하지 마라. 그 친구보다 몇 달만 더 다니면 비슷해진다.

같은 회사에서도 부서에 따라서 혹은 사업부에 따라서 근무조건과 급여는 조금씩 다르다. 일년 내내 정해진 퇴근시간에 퇴근할 수 있는 부서가 있고, 일이 많아서 잔업과 야근이 자주 생기는 부서도 있다.

당신이 선택을 할 수 있다면 신입사원 때에는 어려운 일을 하거나 많이 배울 수 있는 부서에서 일을 하는 것이 좋다. 힘든 일을 하는 부서에서 일해 본 사람은 훈련이 되어서 그 이후에 어떤 일을 맡아도 금방 적응할 수 있다. 그런데 처음부터 쉬운 일만 했던 사람은 나중에 어려운 일을 하는 것이 적응이 안 된다.

같이 입사한 동기보다 퇴근이 늦고 일이 힘들더라도 너무 불행해하지 마라. 당신의 미래를 위한 신의 축복이라고 생각하는 것이 정신건강에 좋다. (실제로도 축복이다.)

만약 당신이 속한 조직이 목적과 의미를 알 수 없는 지시와 잔업과 철야와 특근을 반복한다면, 다른 부서나 회사를 선택할지 고민해야 한다. 근무시간 중에 최대한 일에 몰입해서 해야 할 일을 끝내고 정시에 퇴근하는 것이 정상적인 조직의 문화이다.

해도 그만 안 해도 그만인 일, 누구에게 보여 주기 위한 일, 고객에게 가치를 주는 것과 상관 없는 일은 시키지도 말고 하지도 말자. 그래도 시키면 고용창출을 위한 축복이라고, 긍정적(!)으로 생각하자.

# 아저씨1
## おじさん1

골프를 안칠때도 골프셔츠 아저씨
등산을 안갈때도 등산바지 아저씨
회사를 짤린후도 회사잠바 아저씨


ゴルフしない時もゴルフ服装おじさん
山登りしない時も山登り服装おじさん
会社から首になっても会社服おじさん

# 아저씨2

おじさん2

전철에서 구두벗고 버스에서 구두벗네

극장에서 구두벗고 카페에서 구두벗네

다리에서 구두벗고 옥상에서 구두벗네


電車で靴脱ぎバスで靴脱ぐ

劇場で靴脱ぎ喫茶で靴脱ぐ

橋上で靴脱ぎ屋上で靴脱ぐ

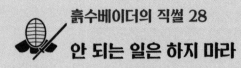

# 안 되는 일은 하지 마라

당신은 무엇이든지 다 잘할 수 없다.

아무리 노력해도 안 되는 일이 있다.

철저하게 준비하고 노력했는데 실패할 수 있다.

아무리 절실해도 못 이룰 수 있다.

신의 뜻이 그러한데 어찌 이룰 수 있겠는가?

신의 뜻은 지금은 아니지만 나중에 된다는 의미일
수도 있다.

기다려라. 완전연소를 했다면 그것으로 만족하고
신의 결정을 기다려라.

모든 것을 당신이 다 책임지려고 하지 마라.

이상한 놈이 말도 안 되는 일을 시켜도 무리해서

해내려 하지 마라.

안 되는 목표를 될 것처럼 거짓보고 하지 마라.

당신의 헛된 목표를 위해서 부하나 가족을 괴롭히지 마라.

안 되는 것은 안 된다고 솔직하게 말해라.

또라이가 괴롭혀도 쫄지 말고 당당하게 맞서라.

다리나 옥상에서 뛰어내리지 마라.

살아라. 살아내라.

신은 다른 기회를 주실 것이다.

# PART 2

## 회사 밖에서
会社の外で

# PART 2

## 회사 밖에서
### 会社の外で

# 소개팅1

## 合コン1

델구나간 친구놈이 떨린다고 지랄허네
못생기면 어떡하냐 책상위를 톡치거라
여자애가 앉자마자 톡토독톡 톡톡톡톡


友が震えるって馬鹿な真似をする
ぶす来たら如何するテーブル叩け
女の子座るや否やトントントトン

## 095
# 소개팅2
合コン 2

델구나간 친구년이 떨린다고 내숭떠네
못생기면 어떡하냐 커피잔을 돌리거라
남자애가 앉자마자 돌도돌돌 돌돌돌돌


友が震えるって馬鹿な真似をする
ぶす来たら如何するコップを回せ
男の子座るや否やグルグルグルル

# 회사원 아저씨

会社員のおじさん

자유는 빼앗겨도 입에풀칠 할수있네

나이들고 힘빠지니 가차없이 버려지네

평생을 일만해도 가난한건 안변하네


自由は無いけどくちをぬらせる

老けて力抜けて直に捨てられる

一生働いても貧乏は変わらない

# 자영업 아저씨
自営業のおじさん

입에풀칠 하려며는 단하루도 쉴수없네

장사좀 될만하니 같은업종 우후죽순

평생을 일만해도 가난한건 안변하네


くちをぬらすなら年中休みなし

商売出来そうが同業雨後の竹筍

一生働いても貧乏は変わらない

## 098

# 금수저 아저씨
金さじのおじさん

잘하는 일을해라 틀림없이 의사된다
적성맞는 일을해라 틀림없이 교수된다
좋아하는 일을해라 틀림없이 사장된다


うまい事やれ必ず医者になる
向いた事やれ必ず教授になる
好きな事やれ必ず社長になる

# 흙수저 아저씨
## 土さじのおじさん

잘하는 일을해라 틀림없이 뼈빠진다
적성맞는 일을해라 틀림없이 혼자산다
좋아하는 일을해라 틀림없이 배곯는다


うまい事やれ必ず骨折る
向いた事やれ必ず飢える
好きな事やれ必ず独り暮

# 당신이 내 자식이면 들을 잔소리 10

1. 정상적인 사회인으로서 자기 존재를 인정받고 행복을 느끼려면 반드시 일을 해야 한다

2. 등과 허리를 펴고 턱을 당기고 걸어라. 걸음걸이가 많은 것을 말해 준다.

3. 불편한 상대를 만들지 마라. 상대를 불편하게 만들지 마라.

4. 실패한 원인이 모두 내가 잘못한 탓이라고 자책하거나 절망감에 빠져서 스스로 자해하지 마라. 당신 탓이 아닌 경우가 많다.

5. 운동 열심히 해라. 배가 나오면 사는 데 여러가지로 불편하다.

6. 결혼은 꼭 안 해도 된다. 이 여자(남자) 대신 죽어도 된다는 생각이 들면 결혼해라. 결혼해서 아이를 낳을 것이라면 2명은 낳아라. 가족은 4명이 되어야 뭘 해도 짝이 맞는다. 버스나 기차를 타도 2명씩 같이 앉아서 갈 수 있어 좋다. 편을 갈라서 싸워도 2:2면 한 명이 외톨이가 되는 것을 막을 수 있다.

7. 결혼하기 전에 장모님 되실 분이 차려 주시는 밥은 꼭 먹어 보고 결혼해라. '이 음식은 대체 무엇으로 만든 것일까?'라는 의문이 들면 다시 생각해 봐라.

8. 이상한 사람에게 투표하지 마라. 투기, 탈세, 이중국적, 위장전입, 병역비리 등등, 문제 있는 사람을 뽑으면 흙수저 자녀들이 살기 힘들다.

9. 가진 종교가 있다면 경전을 읽어라. 어떻게 살아가야 될지 방향을 가르쳐 줄 것이다. 열 번 이상 읽는다면 《성경》을 추천한다.

10. 내가 먼저 죽으면 엄마를 잘 부탁한다. 캔맥주 마실 때 뚜껑 따 드려라.

# 계란후라이

目玉焼

시작이 반이라니 이거부터 시작하자

식용유를 뿌렸는데 과일시럽 맛이나네

아무래도 이상한데 맛있다고 먹어주네


始まりが半分だ目玉焼から始めよう

食用油掛けたが果物シロップ味する

やや微妙だがおいしく食べてくれた

## 101

# 설거지
皿洗い

뜨건물로 불려줘야 밥풀이 떨어지네
맨손으로 헹궈주며 기름기 제거확인
싱크대 수도꼭지 행주로 광을내네


熱水で増やせば固いご飯粒も解ける
素手で洗い落として脂ぎも除去確認
流し元水道の栓ピカピカに光沢出す

# 비상금
臍繰り

급여계좌 바쳤으니 경비계좌 인정해라
책갈피에 숨겨놓은 현금봉투 찾지마라
행여나 걸릴까봐 여보선물 써놓았네


給料口座捧げた経費口座認定許して
しおりに包み隠した現金封筒探すな
万一ばれるか奥様プレゼント書いた

# 부업
副業

아파트 아줌마들 부업단가 개당사원
심심풀이 용돈벌이 세박스씩 가져오니
부인들은 티비보고 남편들이 철야하네


団地を奥様達片手業単価一つ四ウォン
時間潰しに小遣取り三箱も持ってくる
奥様達テレビを見て旦那達が徹夜する

# 추석연휴1
御盆連休 1

오랫동안 기다렸다 처갓집에 빨리가자
한시라도 빨리떠야 길바닥서 안지친다
처갓집에 들어서니 나는찬밥 애는황제

長い間待ってた妻の実家に早く行こう
一刻でも早く行かないと道路で疲れる
実家に入ると俺は冷やご飯子供は皇帝

# 추석연휴2

御盆連休2

마누라는 아침부터 올케욕이 안그치네

전부치고 잡채볶고 배부르다 이제그만

장모님은 벌써부터 바리바리 싸주시네


奥様は朝から義姉の悪口が終らない

チヂミにチャプチェもういい満腹だ

義母様は既にいろいろ積んで下さる

## 아내를 노예로 만드는 10가지 방법

당신이 실수로 결혼을 했다고 치자. 어차피 같이 살 바에는 아내를 노예로 부려먹어라. 평생동안 서로 존중하고 사랑하는 사이가 될 수는 없다. 당신의 아내를 말로 설득하려고 하지 마라. 당신은 이길 수 없다.

1. 처음부터 잘해 주지 마라. 처음에 잘하다가 나중에 못하면 이혼당한다. 반대로 처음에 못하다가 나중에 잘하면 사랑받는다. 처음에 잘해 주면 끝까지 잘해 줘야 하지만, 처음에 못해서 기대를 낮추면 나중에 못해도 그러려니 한다. 한화 야구를 봐 봐라. 팬들이 득도한다.

2. 집에서는 집안일을 안 해도 처가에 가면 설거지는 해라. 처음에는 형식적으로 말리던 장모님이 뿌듯해하실 것이다. 장인어른이 취미로 하시는 것에 질문을 해라. 아들이 없다면 당신이 장인어른의 아들이 되어 드려라.

3. 명절인 추석, 설날에는 처갓집부터 가라. 당신 집은 나중에 가도 된다. 처갓집에 두 번 가면 당신 집은 한 번만 가라. 처갓집에 주는 선물은 당신 집에 주는 선물의 2배가 되어야 한다. 금액도 2배, 무게도 2배, 수량도 2배이다. 현금봉투는 마지막 날 집으로 돌아올 때 차 시동 걸고 드려라.

4. 장모님 생신은 국경일이다. 만사를 제쳐 놓고 챙겨라. 장모님께 해 드릴 멘트는 미리 준비해라. 잘 모르겠으면 다음 중 골라 봐라.

   1) 댁의 따님이 이상해서 A/S를 받으러 왔습니다.

   2) 손자를 매일 보실 수 있는 영광을 드리겠습니다.

   3) 왜 이리 야위셨어요? 지난번보다 허리가 쏙 들어

가셨네요.

5. 처가 부모님과 종교가 다르더라도 처가에 갔으면 종
교행사에 참가해라. 당신은 김대건 신부가 아니다.

6. 아내의 생일은 잊어 버려라. 대신 전날 밤에 냉장고
나 화장대 서랍에 반지를 넣어두어라. 생일 아침에
는 아무말도 하지 말고 생일을 잊어버린 것처럼 그
냥 출근해라. 10시쯤 노예의 감사 문자를 받게 될
것이다.

7. 5년마다 상패를 만들어 줘라. 제목은 표창장 아니면
공로상으로 해라. 내용은 손발이 오그라들게 써라.
집에서 제일 잘 보이는 곳에 상패가 놓일 것이다.

8. 월급통장은 아내에게 맡겨라. 어디에 쓰는지 간섭
하지 마라. 당신보다는 관리를 잘할 것이다. 돈 벌
어 오라고 강요하지 마라. 집안일과 아이들 키우는
것도 충분히 힘들다. 돈은 당신이 벌어라.

9. 형광등, 와이퍼, 엔진오일 가는 방법을 알려 줘라.
당신이 없어도 혼자서 잘 살 수 있어야 한다. 세차

는 힘드니까 당신이 해라. 혹시 차가 2대가 되면 새 차 혹은 더 좋은 차를 아내에게 드려라. 세차는 힘 드니까 당신이 두 대 다 해라.

10. 가끔 힘들어하는 아내를 위해 요리를 해 드려라. 어 느날 뚱뚱한 아저씨가 TV에 나와서 요리를 쉽게 하 는 것을 보고 따라해 봤다. 그대로 될 리가 없었다. 이상하게 아내와 아이들이 맛있게 잘 먹어서 신이 났다. 내가 요리 천재인 줄 알고 계속 이상한 요리 를 해서 가족에게 먹였다. 나중에 알았는데 아내가 아이들에게 아빠 요리가 이상해도 남기지 말고 다 먹으라고 시켰다. 몇 년이 지난 지금 가족이 아닌 다른 사람도 먹을 수 있을 정도는 되었다. 불 조절? 지금도 모르겠다. 양념 몇 스푼, 물 몇 cc? 아무 의 미없다. 완벽 레시피? 그런 거 없다. 느낌대로 가라. 요리는 기세다. 맛있는 요리의 비결은 당신의 정성 과 동전육수다.

# 내 차
俺の車

엔진이 가끔서서 큰맘먹고 차를샀네
길들이기 하자마자 마님이 뺏어가네
그럼나는 어떡하냐 타던차 계속타라


エンジン時々止まって思い切って車買った
乗り慣らし終わると奥様に取られちゃった
如何かして下さい前車そのまま乗れば良い

# 마님 차

奥様の車

월요일에 마실간다 손세차좀 해놓아라

만원에 해볼께요 오천원에 해오세요

싫은데요 반항했다 등짝맞고 세차하네


月曜日出かけるから洗車して置け

1千でやってみます5千で十分だ

嫌だ手向かって背中殴られて洗車

# 내 생일
俺の誕生日

일년에 단하루 이유없이 설레는날
미역국에 고기반찬 여보마님 사랑하오
아이들이 써준편지 잘살았다 생각드네

一年に一回何となくときめく日
ワカメ汁お肉おかず奥様有難う
子供が書いた手紙いい人生感じ

# 마님 생신
## 奥様の誕生日

별것도 아닌일로 싸우기도 많이했소
말로만 사기치고 고생시켜 미안하오
선물은 어젯밤에 냉장고에 숨겨놨소


何でもない事でけんかも沢山
嘘ばかりで苦労させて済まん
お土産は昨夜冷蔵庫に隠した

## 110

# 사랑하는 마님께

愛する奥様へ

이런사람 선택하여 결혼해준 당신에게

주야장천 사고쳐도 용서해준 당신에게

희로애락 같이하며 살아주신 당신에게

こんな人選んで結婚してくれた貴女

昼も夜も暴れても許してくれた貴女

喜びも悲しみも共にしてくれた貴女

# 남편을 노예로 만드는 10가지 방법

당신이 실수로 결혼을 했다고 치자. 어차피 같이 살 바에는 남편을 노예로 부려먹어라. 평생동안 서로 존중하고 사랑하는 사이가 될 수는 없다. 당신의 남편을 말로 설득하려고 하지 마라. 무슨 말인지 이해 못 한다.

1.  남편이 속을 썩여도 친정에 가서 울지 마라. 친정에 가서 우는 것은 하수다. 명절에 시댁에 가서 포대기에 애기를 업고 말없이 전을 부쳐라. 남편의 고모나 작은어머니가 근처로 오시면 말없이 눈물을 뚝뚝 흘려라. 새아기가 왜 우냐고 물어보실 것이다. 남편

은 골방으로 끌려간다.

2. 시부모를 모시고 살아라. 누구도 건드릴 수 없는 까방권이 생긴다.

3. 자잘한 잘못은 바로 야단치치 말고 모르는 척해라. 매일 혼나는 동료를 보고 당신에게 감사할 것이다.

4. 큰 잘못을 했으면 당장 따지지 말고 기억해라. 몇 년 후 결혼기념일 아니면 여행지에서 근사한 식사를 하며 아무렇지도 않게 툭 던져라. "당신이 그때 이랬던 것 다 알고 있다. 이것 말고도 몇 건 더 있지만 내가 참고 있다. 이번이 마지막 경고니까 조심했으면 좋겠다."

5. 당신 남편의 정신연령은 평생 중3 ~ 고3 정도이다. 가끔 얼빠진 짓을 해도 그러려니 해라.

6. 노예가 말도 안 되는 개그를 해도 아픈 사람 쳐다보듯 하지 말고 억지로 웃어 줘라. 노예는 당신을 웃기기 위해 평생 노력할 것이다.

7. 체중과 몸매를 유지해라. 당신과 어울리려 노력할

것이다. 살이 안 빠지면 이상한 약 먹지 말고 새벽에 신문 돌려라. 6개월 안에 10kg 빠진다.

8. 남편이 원하는 대로 다 해 주지 마라. 애를 태우다 마지막에 해 줘야 고마워 한다.

9. 당신 남편은 요리책에 나오는 요리를 바라지 않는다. 떡볶이, 충무김밥, 유부초밥, 가지튀김, 오징어튀김, 두부김치, 감자전, 해물파전, 앞다리살 수육, 감자탕, 샌드위치, 닭가슴살 스테이크, 소고기 케밥, 함박스텍만 해 줘도 감사해한다.

10. 남편이 없어도 당신 혼자서 잘 살 수 있다는 것을 보여 줘라. 형광등도 갈고 와이퍼도 척척 갈아라. 가구도 혼자 옮기고 이사도 혼자 해라. 해외여행도 "나 며칠 다녀올게." 하고 쿨하게 다녀와라.

# 갱년기 아빠

更年期のお父さん

마님은 시한폭탄 아들놈은 독립투쟁

노래듣다 한숨짓고 영화보다 눈물짓네

바람이나 쐬어볼까 나와보니 갈곳없네


奥様は時限爆弾息子は独立闘争中

歌聴いてため息ドラマ見て涙うる

他所にも出かけるか行く所がない

# 갱년기 엄마
### 更年期のお母さん

남편은 잔소리꾼 아들놈은 독립투쟁

나도한때 이뻤는데 생각하니 열불나네

머리숱은 줄어들고 허릿살은 늘어나네


夫はやかまし屋息子は独立闘争中

私も昔は花だった思ったら腹立つ

髪の毛薄くなり腹の肉は太くなる

# 아들이 본 아빠1

息子が見た父1

밖에서는 굽신대고 안에서는 네로황제

처자식을 부양하려 처자식을 팽개치네

밖에서는 돈을벌고 안에서는 욕을버네


外ではこますり内ではネロ皇帝

妻子を養うために妻子を捨てる

外では儲かって内では叱られる

214

# 아들이 본 아빠2
息子が見た父2

술마시고 오지마라 술냄새에 내가췐다

이젠키도 비슷한데 애취급은 그만해라

쓰러져서 잘때보면 가끔씩은 불쌍하다


酒飲んで来るな臭くて酔いそう

背も同じで子供じゃ無いんだよ

倒れて寝ると少しは可愛いそう

# 큰아들
長男

아빠는 잔소리꾼 엄마는 시한폭탄

내가원래 착했는데 요즘그냥 신경질나

나좀그냥 내버려둬 졸리니까 잠좀자자


父はやかまし屋母は時限爆弾

元々善い子だが最近むかつく

ほっといて頼むから眠らして

# 116

## 둘째아들
次男

학원에 다녔는지 여우짓은 백점이네
아빠가 우울할때 뽀뽀로 풀어주고
요령없는 형혼날때 숙제하고 잠자는척


学院通ったか感じ取るのは百点満点
父さんもよもやするとチュウで解け
鈍い兄が叱られると宿題完了お休み

흙수베이더의 직썰 32

# 자녀와 웬수가 되지 않는 10가지 방법

어차피 데리고 살 바에는 친하게 지내라. 나중에 소주라도 같이 한잔 하려면 공부를 싫어하는 아이에게 공부하라고 강요하지 마라. 학원비로 날릴 돈을 적금 들어 놨다가 독립할 때 줘라.

1. 돈으로 환심을 사려고 하지 마라. 어차피 당신이 가진 것은 자녀에게 다 빼앗기게 되어 있다. 용돈을 많이 주지 마라. 이미 아내가 따로 챙겨 주고 있다.

2. 당신에게 인정받고 싶은 것이 자녀의 마음이다. 진심으로 격려만 해 줘도 아이는 뿌듯해한다. 자녀는

칭찬을 먹고 자란다.

3. 같이 몸을 써서 놀아라. 몸을 써서 놀아야 친해진다. 야구, 축구, 탁구, 배드민턴, 등산, 오락실 등 같이 놀 수 있는 것은 많다. 도구가 없어도 된다. 무등 태우기만 수십 가지이다. 무등을 태우고 걸어가기, 무등을 태우고 뒤로 기울여서 비명 지르게 하기, 무등을 태우고 앞으로 기울여서 비명 지르게 하기, 무등을 태우고 손으로 눈을 가리게 해서 자동차처럼 조종시키기, 무등을 태우고 눈을 감은 상태에서 지시하는 대로 가기, 무등을 태우고 책장 높은 곳에 있는 책 보여 주기, 무등을 태우고 유치원에 가서 다른 애들 부러워하게 하기, 무등을 태우고 동물원에 가서 호랑이를 더 잘 보기, 등등.

4. 부르마블을 같이 할 때 일부러 져 주지 마라. 혹시라도 당신이 질 것 같으면 몇 칸 더 움직여서라도 이겨라. 아이는 자기가 당연히 이길 줄 알았는데 지면 억울해하며 울 것이다. 곧바로 다시 하자고 해도

해 주지 마라. 자기 마음대로 안 되는 것이 세상에 있다는 것을 알려 줘라.

5. 언제까지 당신만의 아이로 남을 것이라고 생각하지 마라. 이미 당신보다 소중한 존재가 학교나 학원에 있다.

6. 당신이 못 해낸 일을 아이에게 시키지 마라. 당신이 해낸 일도 아이에게 시키지 마라. 당신 자녀를 사도 세자로 만들지 마라.

7. 잘못을 했으면 혼내고 때려라. 훈계를 안 하면 나중에 당신이 자녀로부터 훈계를 받게 된다.

8. 자녀와 같이 여행을 많이 다녀라. 운전, 식당예절, 호텔 이용법, 입·출국 방법 등등 말로 하는 것보다 행동으로 보여 줘라.

　1) 다리에 힘이 있을 때 여행을 많이 가라.

　2) 아이들이 따라올 때 여행을 많이 가라.

　3) 시간과 돈이 있을 때 여행을 많이 가라.

9. 자녀와 한 약속은 반드시 지켜라. 사소한 약속이라

도 지켜라. 절대로 "다음에 해 줄게." 하지 마라. 당신이 약속을 안 지키면 당신 자녀도 당신과 한 약속을 안 지킬 것이다.

10. 당신의 부모와 친하게 지내라. 당신이 부모에게 하는 것을 당신 자녀도 똑같이 당신에게 할 것이다. 아이가 커서 당신과 친하지 않다면 원래부터 싸가지가 없어서 그런 것이 아니다. 당신이 교육을 잘못 시켜서 그렇다.

## 에필로그 · 이 책을 끝까지 다 읽은 당신에게

'이거 우리 팀장 애기인데?', '내 이야기를 어떻게 알고 썼지?'라고 놀라거나 명예훼손으로 고소하지 말아 주세요. 절대로 당신의 이야기가 아닙니다. (거의 비슷할 수는 있습니다.)

사람 사는 세상은 어디나 비슷합니다. 어느 모임이나 비슷한 캐릭터를 가진 사람이 있습니다.

A회사에 있는 캐릭터가 B회사에도 있습니다. 우리 조직에만 또라이가 있지는 않습니다. 그 또라이가 없어져도 다른 또라이가 또 옵니다. 또라이 없는 조직은 존재하지 않습니다. 당신도 누군가에게는 또라이일 수 있습니다.

상또라이를 사람 비슷하게 만들어 주신 선배님, 후배님, 동료님, 그리고 저와 거의 비슷한 삶을 살고 계신 당신에게 이 책을 바칩니다.

한평생 사고만 친 저를 용서해 주시고 거두어 주신 마님께 진심으로 감사드립니다.

흙수베이더 올림

## 부록1 · 당신의 팀이 얼마나 창의적이고 손발이 잘 맞는지 알아보는 게임

**[목적]**

일본 T자동차 연수를 진행하면서 연수생들의 요청으로 실습과정을 만들었다. 연수생들을 두 팀으로 나눈 후, 레고를 조립하여 정해진 시간 내에 몇 대의 자동차를 만드는지 시합하는 방식이다.

3년 동안 약 100개 팀의 연수를 진행하면서 실습을 하였다. 부품을 공급하는 방법, 인원을 배분하는 방법, 정보를 전달하는 방법, 조립 방법이 팀마다 큰 차이가 있었다. 사무직과 생산직의 유의미한 생산성 차이는 없었다. 만약 당신의 팀이 20대 이상 만든다면, 상위 5%의 생산성과 팀워크를 가진 팀이라고 할 수 있겠다.

20대 이상 만든 팀은 3년 동안 다섯 팀 보았다. ○○전자 마케팅, ○○사 제조, ○○중공업 사원대리, ○○사 팀장, 중소기업 연합.

이 팀들의 공통점은 리더의 지휘가 명확하고 구성원 간 소통이 잘 이루어졌다. 역할별 인원 배분이 잘 되었고 손발이 척척 맞았다. 생산과 물류의 흐름이 끊이지 않고 물 흐르듯이 진행되었다.


**[준비물]**


1. 레고 '7241' 5개(부품 개수가 비슷한 다른 레고도 된다.)
2. 작은 플라스틱 Box 10개 (종이컵도 된다.)
3. 평평한 책상 3개 (공장 역할)
4. Stop Watch 혹은 시계
5. 심판 (게임 방법을 완벽하게 숙지한 사람)

**[Rule]**

1. 연수생들을 2개 팀으로 나눈다. (A팀, B팀) (한 팀의 인원은 6명~10명이 적당하다.)

2. 가위바위보로 생산 순서를 정한다.

3. A팀과 B팀은 각각 교대로 세 번 생산한다.

4. A팀이 자동차를 만드는 동안 B팀은 작전회의를 한다. A팀의 자동차 생산이 끝나면 B팀이 생산을 한다.

5. 한 번 생산할 때 주어진 시간은 15분이다. (준비 5분 + 조립 10분)

6. 마지막 차수에서 더 많은 자동차를 만든 팀이 승리한다.

(예시)

|  | 1차 생산 | 2차 생산 | 3차 생산 | 결과 |
|---|---|---|---|---|
| A팀 | 3대 | 6대 | 16대 | 패 |
| B팀 | 1대 | 4대 | 18대 | 승 |

7.  팀장은 팀 인원을 부품공장, 조립공장, 물류회사 3개로 역할을 나눈다. 만약 팀 인원이 10명이라면, 부품공장 3명, 조립공장 4명, 물류회사 3명으로 나눌 수 있다. 한 Set를 진행하면서 도중에 역할을 바꾸면 안 된다. 다음 Set에서는 역할을 바꿀 수 있다.

8.  고객이 Stop Watch를 눌러 Set가 시작되면 5분 동안 생산준비를 한다. 공장(책상 3개)의 위치를 잡는다. 모든 레고 부품을 완벽하게 분해한다.

9.  준비시간 5분이 끝나면 고객은 자동차 조립 시작을 알린다. 부품공장에서 준비된 부품을 물류회사가 조립공장으로 납품한다. 조립공장에서 자동차가 완성되면 물류회사가 고객에게 납품한다. 고객은 정상제품이면 +1대, 불량품이면 -1대 카운팅한다.

10. 고객의 확인이 끝난 제품은 물류회사가 부품공장으로 가져 간다. 분해된 부품을 물류회사가 조립공장으로 운반하여 조립한다. 물류회사는 Box(종이컵)로 운반하고, 1Box에는 1종류의 부품만 넣는다.

**[Tip]**

1. 10분 동안 20대를 만들려면 모든 부품의 조립과 분해를 4번 해야 한다. (20대 / 5개분 레고부품 = 4회)

2. Tact time은 30초이다. (600초 / 20대 = 30초)

3. A설명서에 나와 있는 세 가지 생산방식으로는 10분 동안 20대를 만들 수 없다. 생산방식의 장점 중에서 팀에 맞는 최적의 방법을 찾아야 한다.

4. 설명서에 없는 새로운 생산방식으로 20대를 만든 팀도 있었다. 가장 많이 만든 팀은 22대이다. 게임을 하고 나서 연수생들에게 방법을 알려 주면 "아하! 그런 방법이 있었구나!" 하고 무릎을 탁 치고는 하였다.

## A. 설명서

**1. 목적** : TPS의 이론을 이해하여 최적화된 공정을 만들고, 고객이 요구하는 완벽한 품질의 제품을
상대편 보다 더 싸고 빠르게 생산하여 납품한다

**2. 역할분담**

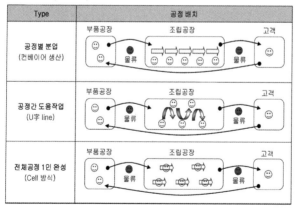

| 구분 | 역할 |
|------|------|
| 부품공장 | . 완성차 완전 분해하여 부품준비<br>. Sub Assy' ①, ② 조립 |
| 조립공장 | . 공정 1~12 조립<br>. 완성차 검사 및 출하 |
| 물류회사 | . 부품 공급, 완성차 납품<br>. 폐차(완성차) 인수 |
| 고객<br>(지도위원) | . 품질확인<br>. 양품 +1, 불량품 -1 카운트 |

부품공장 → 조립공장 → 고객 / 물류회사

① Box이동
② 혼입금지
③ 역할고정

**3. 게임방법**

1) 생산준비 : 5분 (공장Lay-out, 설비Set-up, 작업자훈련, 표준작성, 물류준비)
공장가동 : 10분 (부품공장, 조립공장, 물류 가동)

2) 한 팀에 15분씩 번갈아 3회 진행하여 3회째 결과로 승패 판정

3) 힌트 : 5S, 7가지 낭비제거, JIT, 일인공추구, 흐름생산, 후공정인수, 可動率, 표준재공

**4. 생산 방식 선택 (혼합 가능)**

| Type | 공정 배치 |
|------|-----------|
| **공정별 분업**<br>(컨베이어 생산) | 부품공장 → 물류 → 조립공장 → 물류 → 고객 |
| **공정간 도움작업**<br>(U字 line) | 부품공장 → 물류 → 조립공장 → 물류 → 고객 |
| **전체공정 1인 완성**<br>(Cell 방식) | 부품공장 → 물류 → 조립공장 → 물류 → 고객 |

# 부록2 · 이 책을 쓰는 데 도움이 된 책
### (당신에게 추천하는 책, 가나다 순)

- 《거꾸로 읽는 세계사》, 유시민 지음, 푸른나무
- 《거장의 노트를 훔치다》, 로랑 티라르 지음, 나비장책
- 《검도와 인간》, 이노우에 마사타카 지음, 다문
- 《고민하는 힘》, 강상중 지음, 사계절
- 《고독한 미식가》, 타니구치 지로 지음, 이숲
- 《그들이 말하지 않는 23가지》, 장하준 지음, 부키
- 《나쁜 보스》, 최경춘 지음, 위즈덤하우스
- 《나쁜 사마리아인들》, 장하준 지음, 부키
- 《당신의 파라슈트는 어떤 색깔입니까?》, 리처드 N. 볼스 지음, 동도원
- 《리더는 사람을 버리지 않는다》, 김성근 지음, 이와우
- 《마피아 경영학》, V 지음, 황금가지
- 《말콤엑스》, 알렉스 헤일리 지음, 기원전
- 《미스터 초밥왕》, 테라사와 다이스케 지음, 학산문화사
- 《미스터 프레지던트》, 탁현민 지음, 메디치
- 《미생》, 윤태호 지음, 위즈덤하우스

- 《메트로폴리스》, 벤 윌슨 지음, 매경출판
- 베르나르 베르베르, 김용(金庸) 작가의 모든 소설
- 《성경》
- 《시골의사의 부자경제학》, 박경철 지음, 리더스북
- 《세계음치》, 호무라 히로시 지음, 하루
- 《종이 위의 기적, 쓰면 이루어진다》, 헨리에트 앤 클라우저 지음, 한언
- 《아저씨 도감》, 나카무라 루미 지음, 윌북
- 《알고 있다는 착각》, 질리언 테트 지음, 어크로스
- 《야구교과서》, 잭 햄플 지음, 보누스
- 《야마다사장, 샐러리맨의 천국을 만들다》, 야마다 아키오 지음, 21세기북스
- 《여자도 여자를 모른다》, 이외수 지음, 해냄
- 《유시민의 글쓰기 특강》, 유시민 지음, 생각의길
- 《왜 그녀는 다리를 꼬았을까》, 토니야 레이맨 지음, 21세기북스
- 《왜 일본인들은 스모에 열광하는가》, 돌로레스 마르티네즈 지음, 바다출판사
- 《인생 따위 엿이나 먹어라》, 마루야마 겐지 지음, 바다출판사
- 《장사의 신》, 우노 타카시 지음, 쌤앤파커스
- 《직장인을 위한 변명》, 권영설 지음, 거름
- 《좋아하는 일만 해라》, 나카무라 슈지 지음, 사회평론
- 《철저한 낭비배제에 의한 원가절감의 추진방법》, MIC生産性研

究所 지음, GBC

- 《친철한 여행책》, 최정규 지음, 열번째행성
- 《청춘표류》, 다치바나 다카시 지음, 예문
- 《최악의 상황에서 살아남는 법1, 2》, 조슈아 피븐 지음, 문학세계사
- 《토요타웨이와 인사관리, 노사관계》, 사루타 마사키 지음, 税務經理協會
- 《토요타 제품개발 시스템》, 제임스 M.모건, 제프리 K.라이커 지음, 日經BP社
- 《하고 싶은 일을 하라》, 오리슨 스웨트 마든 지음, 다리미디어
- 《한국언론과 민주주의의 위기》, 강준만 지음, 아침
- 《회사의 목적은 이익이 아니다》, 요코타 히데키 지음, 트로이목마
- 《현장경영》, 오노 다이이치 지음, 미래사
- 《협상의 법칙》, 허브 코헨 지음, 청년정신
- 《B급 좌파》, 김규항 지음, 야간비행
- 《Basic of Supply Chain Management》, APICS 지음, APICS
- 《The Fighting》, 모리카와 조지 지음, 학산출판사
- 《YAKUZA 협상의 프로페셔널》, 무카이다니 타다시 지음, 위즈덤하우스
- 《12가지 인생의 법칙》, 조던 피터슨 지음, 메이븐